Sweet & どくぜつ Collection

上海世纪文睿文化传播公司 出品

Sweet & どくぜつ Collection

这么一些些毒话

沈嘉柯 著

世纪文景

世纪出版集团 上海人民出版社

你成为了大人，即便你内心保存着孩子气。

没有人天生就会做一个大人。我至今还记得，我的中学语文老师，总是板着脸，很成熟的样子，有一次，嚣张的学生闹腾，课堂乱哄哄的。那个语文老师个头矮，拼命提高嗓门试图震慑学生们。但他失败了。最后，他忽然哭了。一边红着眼睛抹眼泪，一边训斥顽劣的男生。因为他才从师范大学毕业，才开始面对真正做一个教师的麻烦。

你呢？你也真正社会化了。你朝九晚五努力存钱买房会遇到黑心开发商，没遇到黑开又发现年年暴涨怎么也赶不上房价，你累死累活一个月还赚不到一个平方米，想死的心都有。

你曾经迷恋的大明星也老了在苦苦寻找归宿，分分合合各种荒诞不靠谱，看得你眼花缭乱。华美袍子从来藏着肮脏的虱子，你不得不承受失望和破灭。

你恋爱多次后怀疑爱情，前任极品现任奇葩，在劈腿的诱惑和坚守的乏味之间摇晃不定……结婚离婚搞不懂幸福到底算什么。

你去商场买衣服会被促销员花言巧语欺骗，你和同事和朋友相处因为踩错了界限得罪人。

你深宅大怨总是单身每年情人节都叫嚣情侣去死，你被逼相亲被归类被标签剩男剩女社会厌弃人类排斥。

你也会买买彩票做一做一夜暴富的梦，你还会纠结干脆炒掉恶心的老板，辞职去旅行。有人说你不错，有人说你烂。

就这样，你变成了琐碎的，认命的，烦恼的大人。你不在嘴巴上毒舌，你也会在心里吐槽。

你想要一个人生导师，但发现导师都是可疑的。因为你需要的不是导师，是他人。你活着，势必会寻找对照。和他人比较，是你学习参考借鉴的最好办法。就像我在写《心是立体的房子》那一篇时，很想抽打我人品很挫的大学同学的耳光，但我不得不承认，因为他鼓励我早日买房，使我摆脱了后来的翻倍痛苦。

在你还小的年纪，你最好尽量控制自己，别太计较，父母拿你比较他人。比如那个父母嘴巴里，永远功课比你好，运动比你强，外貌比你美，性格比你乖的邻居家小孩。

那种"比较",与你无关,因为不是源自你内心的。

你成为了大人,你还是要比较。 只不过,这一次,你是自己做出比较。在比较里学习,在比较里认识自己。我相熟的一个心理专家说:"别跟别人攀比。"这种你熟悉的心灵鸡汤,是种不可实现的无厘头励志。比是大脑固有程序,不比才是消极心理策略。没有社会比较,如何回答:"我是谁?"几百万年来哺乳动物脑发育,恰恰在于社会比较,谁好坏优劣关乎到个体的生存威胁。比较是你的社会报警系统岂能闲置?学会善于比较才是个人成长的关键。

你开始沉静下来,你开始理解别人的优劣,理解自己的好坏。你开始尊重自己的缺失,你也开始发扬自己的擅长。你毒舌别人,也被别人吐槽。

毒舌和吐槽是你发泄的枪炮,也是你反省的镜子。

你成为了一个大人。先及格,再优异。

最后,有人问你幸福吗?你大可一笑置之,你才懒得去回答。多年后,我听说我的那位中学老师,去做了另外一个高中的副校长,很有风范了，不会再哭鼻子了。

你看，是修行让我们得到进化。

愿你成为有趣而懂得幸福的人。

此致 祝安

沈嘉柯

P.S 特别感谢 莫时迁 对本书的友情图片支持。

Contents 目 录

Chapter 01 / 012
闷骚学

Chapter 02 / 054
情爱论

Chapter 03 / 092
浮世绘

Chapter 04 / 140
实话记

Chapter
01

闷骚学

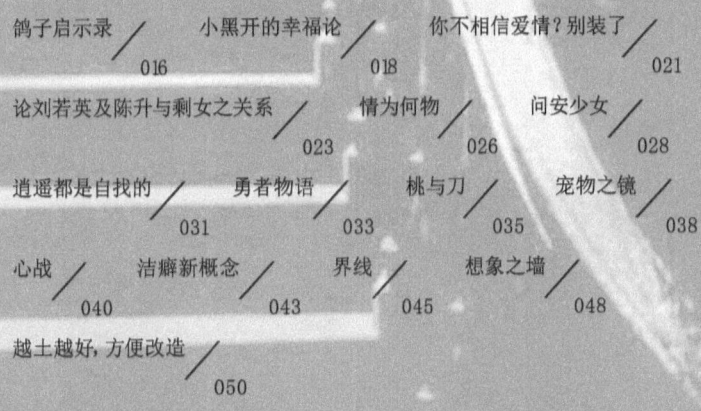

鸽子启示录 / 小黑开的幸福论 / 你不相信爱情？别装了 /
016 018 021

论刘若英及陈升与剩女之关系 / 情为何物 / 问安少女 /
023 026 028

逍遥都是自找的 / 勇者物语 / 桃与刀 / 宠物之镜 /
031 033 035 038

心战 / 洁癖新概念 / 界线 / 想象之墙 /
040 043 045 048

越土越好，方便改造 /
050

　　有人说梁朝伟有时闲着闷了，会临时中午去机场，随便赶上哪班就搭上哪班机，比如飞到伦敦，独自蹲在广场上喂一下午鸽子，不发一语，当晚再飞回香港，当没事发生过，这才叫生活。

　　科学实证派说时差那么多，飞行那么漫长，香港到伦敦至少十来个小时，梁朝伟一来一回怎么可能是当晚。没多久娱乐圈人士又站出来辟谣澄清说喂鸽子的事情是有的，不过梁先生一贯喜欢"慢"，人家是悠闲出行，根本不可能那么疲于奔命。

　　要我说，这些人都太健忘了。《东成西就》里扮演西毒欧阳锋的梁朝伟不是从国师那弄到一双闪电速度的飞行靴吗？这靴子长着两双白色的翅膀，脚一蹬还可以当暗器灭掉才出关的王重阳。

　　所以有了这双靴子，去伦敦看鸽子当天来回算什么，早出晚归绕地球一圈也不是问题。问题的关键在于——靴子是国师的。国师是谁扮演的？张曼玉。

　　这两天张曼玉跟小自己十岁的外国男友分手，又回香港了，又接电影重出江湖寄情工作了。

结婚、离婚、暧昧、恋爱、分手，这个优雅的影后，生命里出现的每一个男人最后都以失恋告终，据说旧爱名单有尔冬升，也有鸽子先生。黯然销魂饭吃了一口又一口。叫人感慨，一往情深的人最容易为情所困。

今年是狄更斯的两百年诞辰，他的小说《远大前程》有个女性人物叫赫薇香，一生都未走出在结婚之日被未婚夫抛弃的阴影，尽管非常富有，却天天穿着破旧的结婚礼服，沉浸悲伤之中。

后来心理学有了个"赫薇香效应"，特指对悲伤上瘾。

好了，至此大家应该看出来我绕了一个大弯子到底要说什么了。我之前写过"情为何物，不过都是分泌物"，现在活生生的例子就送上门了。总在失恋的人，感受到"深刻伤痛"的大脑伏隔核更加活跃。伏隔核是大脑快感回馈系统的一部分，受到刺激时，会充满了令人产生快感的化学物质多巴胺。

痛并快乐，既是文学细腻的经验，也是实打实的生物现象。拥有这种体验的人，演技已经不是演技，而是心身俱献出，博得观众灵魂深处共鸣。失恋，然后表演愈发精湛动人。艺术成就早臻繁华极致，只是回回伊人独憔悴。

据说原理摸清后，有助于进一步开发治疗悲伤的手段。不过我打赌手段研究出来，张曼玉也不会理睬，情愿继续循环轮回。浮生若上瘾，终身成蹉跎。蹉跎之中，最大的痛苦也是文艺工作者最大的快乐。最后，如果刘嘉玲不介意，难过时去找友人梁朝伟一起喂喂伦敦广场的寂寞鸽子也不错。

最近在饭局上见到朋友，他们纷纷表态说，你完全是房事专家了，还当什么作家，趁早转行当售楼经理吧！抽成都赚翻了。

我把脸一沉：喂喂，什么房事，还专家……多难听。扪心自问，充其量是个伪专家。

怪只怪我热情泛滥，利人不损己的事情，反正对别人有好处，对我没损失，只不过是知识的传经送宝，何乐不为呢？抱着这种心态，我鼓动了一批人。远的有混在北京的某出版社编辑，近的有当老师的本地好友，再到朋友的老公，一个在研究所埋头不问人间房事的理科工程师，再远到朋友亲戚的亲戚，一对在杭州工作的小夫妻，都下手买房了。有的还不止一套。

屈指一算，这两年我大概直接加间接鼓动下，促使了二十多个朋友同行买了数十套房子，总价过几千万了。这么一算，我的心肝立刻颤抖了，要是房价扭一下腰，他们这些人对我还不千夫所指？一人戳几指头，我从此就得捂着脸做人了。

我之所以这么鼓动他们——照他们的说法是"蛊惑加上课"——起因是因为出于好奇心。如今人人为房而疯，大家都怎么了？

于是从国务院和各部委发的文件，到天涯房市论坛的小黑开（传说中的三线小城市黑心开发商）的自我爆料，从经济学家的各类报刊文章，到著名大房地产商任志强微博上那些普及专业房地产知识的解答，到身边密切观察的实际经验，逐一学习研究一番。最后发现，房子这东西，如果你买得起为什么不买呢？不管是算租金，还是算升值，正规开发商正规开房，城市地段不错有发展空间，你有经济承担条件合法合情合理购买，那就买啊！

不久前还看见新浪微博上一个编辑调侃另外一个北京某大报的编辑，这家伙老是在鼓吹别买房，自己居然在天价一般的京城买了近五套，这是一种什么样的行为呀？

下一句话我真想积极接上去：哼，这是一种忽悠老百姓的行为。

这么一比较，任志强才是真君子。任志强说，应该是人人有房子住，而不是人人买得起房，人人买房那是不可能的，最发达的美国都做不到。所以得靠廉租屋和经济房解决大部分人的问题。

可是话说回来，长远来看当然是获益的，谁不乐见财富的增长。但短期内的涨跌，政策变迁，可就难说了。前些天被鼓动下手的朋友之一，就在网上跟我喜悦地汇报，她那楼盘最近上涨了四百块。

哎呀，看来她就快要掉到患得患失的泥坑里了。

我按捺着心肝的颤抖，决定赶快跟她"上课"，平衡下她火热躁动的心。

不管是不是买了房，大家关心更多的是房价的涨跌本身，而不是我们是否能在这种变化的环境中幸福，至少自己感觉幸福地活着。这就不好了。

买房这事，给自己一个容忍底线，总额+月负担，在此基础上，对自己的

未来生活进行规划，确定一个让自己十年或是二十年后快乐的目标，不"怨妇"，不眼红（这是最容易让你智商下降的诱因），对于定下的目标不抛弃不放弃。然后，请享受路上风景吧。中国老太太和美国老太太其实都是幸福地在天堂对话，不管是攒钱还是按揭，那只是实现目标的手段而已，你没有感觉到她们的幸福吗？

其实这话不是我说的，是天涯房市的那个小黑开说的。我觉得很有道理，这是个有境界的小黑开，简直可以当心理咨询师了。

最后，你问我自己买了没？

我实话实说，居住之外，这些年赚的一点钱买了小小的一套小公寓，略有回报，挺开心的。搞文字工作的可真没干售楼的赚得多，甚至不如那小公寓升值得多。但把小黑开的话多想想，我肯定是不会转型干售楼的，也不会为了买房疯狂赚钱，为了赚钱疯狂买房，进而损害到自己喜欢的生活方式。因为我喜欢写东西，当作家我当得爽！

谢霆锋和张柏芝闹腾十年，他们自己都没有偃旗息鼓，暂时演到离婚，且大有旷日持久战斗下去的架势，观众们倒先大惊小怪了，嚷嚷着再也不相信爱情了。这叫什么心理，这叫矫情。

你见过不爱喝酒的人天天抱着酒瓶子吗？你见过害怕蟑螂的人搂着蟑螂纠缠不休吗？

口口声声不相信爱情的人，你要他斩断红尘试看看？你要他不想情人的吻，不要爱人的心看看？他比谁都眷念红尘贪图情爱。

不相信爱情，你关注别人金童玉女的十年情史干嘛？你看到张柏芝飞机上遇到陈冠希兴奋个啥？不相信爱情，你怎么就对明星八卦那么起劲呢？不相信爱情，你怎么没出家？你怎么没禁欲？你怎么没六根清净献身我佛呢？

小谢跟阿芝的婚姻爱情大戏，的确是剧情狗血，冲突鲜明，一波又一波绵绵不绝，跟化骨绵掌似的。中了这掌的观众，欲罢不能，一边厌烦一边还是追着剧情大谈特谈啊。

尤其是，在他们倾情投入的时候，大多数人不也是一边看戏，一边恋爱结婚生孩子离婚再婚再再婚么？

大多数人身边，包括自己，都有某种犯贱的状态，分手了，受伤了，害怕了，叫嚣着不爱了死心了，没过多久，这种人又有了新男友或新女友。

这就是事态的真相。不相信爱情，早就消停了。干吗还死闹下去？

与其说是不相信爱情，不如说，是不相信那种一旦爱上了就王子公主幸福生活到永远的童话，因为太傻太天真。真正的爱情向来是成年人的游戏，是大人的玩意。

我把话还可以说得更绝一点，我们不是不相信爱情，是不相信爱人。这个人靠不住了，换一个人来爱，兜兜转转，一辈子搭进去了。

相不相信爱情，不看嘴巴说的，看实际行为做的。有本事去学弘一法师李叔同，情爱风流半生，再转个身，彻底皈依佛门了！不过凡人亿万千万，圣人屈指可数。做凡人比做圣人简单容易，所以大家还是男女老少红尘打滚。杨振宁博士八十多岁了还爱得有了爱情结晶呢！小字辈们才折腾了几个春秋，看了几次离合，经过了几个年代，就敢不相信爱情？！

所以我不止相信爱情，我特信，极信，信得不能再信了。我看这世界上百分之九十九的人，都骨子里非常相信爱情，只不过信得口是心非，信得痛并快乐，信得爱恨纠结。

再说了，信不信爱情，你这辈子都要多多少少爱上谁，闹腾几次，时光飞逝，眨眼过完。信春哥得永生，信曾哥还不挂科呢，你信不信？李宇春自己说了，信不信我，你都是要死的。不信白不信。

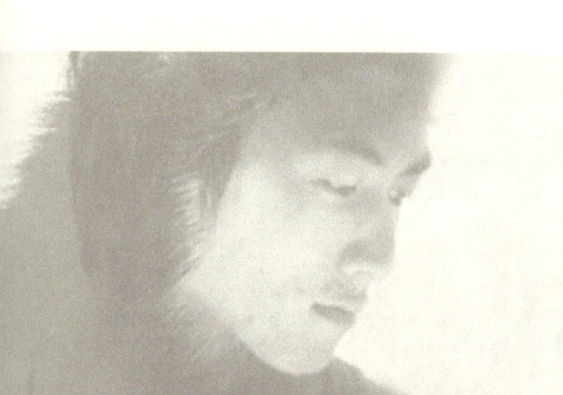

论刘若英及陈升与剩女之关系

没哪个女明星结婚了，像刘若英这样让人松一口气。1970年出生的刘若英结婚了，这简直比芙蓉姐姐瘦身成功还刺激眼球，尤其刺激剩女的眼球。唱歌都是“孤单一辈子”、“想要问问你敢不敢，像我这样为爱痴狂”，悬了听众多少年的心。

然后呢，刘若英结婚了，我们想八卦的却是陈升。没辙，咱们旁观者就是对这类谈资百聊不厌。两个明星闹过一段绯闻那可就是一辈子的事，化成灰大家也记得提。

他们俩的事也挺有寓意的。一直记得刘若英被陈升搞得一把鼻涕一把泪的。也就是上个综艺节目，陈升也能放出一千把文艺刀，煽出一万道情，左一句你已经是影后歌后了要飞了，我找不到线抓不住你这只风筝，右一句“你喜欢刘若英吗？”“当然喜欢！不然不会为她做这么多事情！”

瞎子也明白这已经苦情到什么境地了。

刘若英被比作奶茶，香浓，有温度，冬日暖胃，夏天加冰也清爽。陈升呢，难道就没人注意到，老男人陈升就是个无药可救的酒鬼吗？在酒吧喝酒跟流氓扛上被打成猪头，差一点脑溢血挂掉。写了大辈子情歌，喝了大半辈

子的酒，身边的朋友结婚了，陈升这种老文青，会神经病一样拼命往新郎裤子里倒红酒。除了酒还是酒，浪荡不堪，但求醉意。一个疯疯癫癫的文艺老男人兼资深酒鬼，最需要一个默默无闻像老妈一样躲在背后的女人。所以你看，陈升的太太就从来不抛头露面，谁也不知道那是个什么女人，如此沉得住气，才制得住老猴子一般的老文艺男。这女人要是也文艺也抒情也敏感，那完了，一个最擅长煽情，一个最容易流泪，套一句《红楼梦》的歌词：想眼中能有多少泪，怎么经得起春流到夏，秋流到冬。刘若英同学真要成了陈升的正室，也绝不是好事。所以刘若英理所当然不是他那杯茶。

还有就是，"奶茶"这名号，也是很久以前陈升给她的。陈升曾经也是爱喝奶茶这种饮料的。不过可惜，男人年轻是一回事，老了又是一个样。后来他变成了个彻底的酒鬼。奶茶满足不了男人的需求，人生苦闷中年危机老来无力诸如此类，只好一醉解千愁，抒情且忘怀。再加上时差也是个问题，小姑娘遇到已婚老男人，大家踩的点不准，构不成一对。

谈恋爱搞对象，最常用一句是他或她不是你的那杯茶。

何止不是那杯茶，人家爱的明明是酒。全天下的剩女们，大部分都是犯的这毛病。剩女不是没感情经历，只不过是所爱之人不关嫁娶，有开始没结果，漫无目的等候和强求，这两种都是自恋过头的表现，总觉得自己得找个完全符合口味的，要是不合口味，也要硬生生辦过来，掰着掰着，就分手了。要么就是拖拖拉拉等着，女等男最悲剧，等得老了，过了最佳生育期，就更加麻烦了。

所以，真的恭喜刘若英终于弃暗投明了，找个好人就嫁了。她在微博发消息宣布结婚，没多久她老公也妇唱夫随，更新了微博，只有短短六个字：

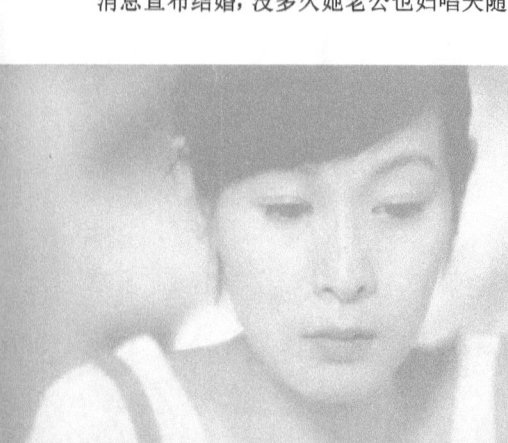

平安、喜乐、谢谢。这多好，何其庆幸，不是"一杯，一杯，再来一杯"。四十不惑，哭多了寂寞够了认命了，才配岁月静好，平安喜乐。也祝愿刘若英的婚礼陈升最好别参加，参加也别再干那种给新郎裤子里灌红酒的事了。

最后允许我套用下鲁迅老爷子的写文标题《魏晋风度及文章与药及酒之关系》，以上是我的"论刘若英及陈升与剩女之关系"。我的结论是：酒鬼哪爱喝奶茶，陈升不配刘若英。剩男剩女都一样，放下身段快成家。

我大学修的是法律，毕业那年月就业形势严峻，也就放低身价先占个工作位置再说。有一天在路上遇到新闻系的同学，说某杂志招编辑。于是我去了那家杂志，成功签约，不过那是家心理学杂志，从此改行跨界，大开眼界。

一晃十年，这么跟心理学专家们接触下来，偷师良多。如今的心理学界，跟脑科学密切联系，国际主流是实证科学研究的路线，七情六欲都找出谜底。

你知道人为什么会害羞吗？那是因为害羞人的大脑有遗传原因，控制5-羟色胺流动的基因更短。其实5-羟色胺这玩意又名血清素，在体内含量提高，就会觉得心情愉悦，有抗抑郁功效。从此那些被人说内向害羞不够大方的人，可以心安理得给别人解释，我这是天生的，有个基因比较短嘛！这样一来，是不是觉得心态更加平和，反而有助于减轻害羞？

你还记不记得自己的童年，喜欢乱吃东西，有的连自己的鼻屎都要尝一尝，还有咬指甲，吃橡皮头。这是因为人的味觉在出生时发育最完整，加上有东西吃是关乎生存质量的重要条件，但是随着对物品属性的理解，我们自动归纳出了口感差异和是否有毒危险，很多东西不再去吃。

你知道吃巧克力为什么爽吗？因为巧克力含有多巴胺。

阴天久了人郁闷，为啥天气晴朗了晒晒太阳，心情那个好啊！其实也没什么奥妙，光照促进大脑分泌血清素。

你知道失恋为什么让很多人痛不欲生吗？

现代人感情发达，谈恋爱要死要活的，也不过是戒断反应比较强，不必过于拔高"爱"。最近我跟学者专家合作一个心理专栏，专家原话就是这么说的，那是因为恋爱和吸毒在大脑中占据的是相同的位置。所以失恋后的生理心理反应，和戒毒的戒断反应是一样的，只是程度上的差别。有的人依赖5-羟色胺的分泌，有的人依赖多巴胺的分泌。这两种物质，是大脑感觉幸福的生化基础。体内不足，就得补充。

跟这些专家厮混久了，我渐渐从文艺控变成了科学控。风花雪月固然雅，但千年以来无数人玩下来，也欠缺新意。当文学勾搭上心理科学，反倒别致，现在重读《红楼梦》，我脑袋里就忍不住想，林妹妹的肺痨除了需要青霉素，还要多吃巧克力和户外活动，天天闷在屋子里写诗，为爱痛苦，那忧愁当然止不住的菱花镜里形容瘦。

香港"写情圣手"林夕被粉丝冠以金山词霸的美誉，填词无数，影响深远，这位先生也是人本多情，患上抑郁症，常年看心理医生吃药补充多巴胺血清素，久之也很有心得，近来终于总结出了一句大实话："情为何物，不过都是分泌物。"⚡

虽然我一贯上网隐藏潜水，但有时候也会被火眼金睛的同学找到联系方式。在这里"同学"特指的是学生读者。作为作者被衣食父母当街逮到，也就势必要打起精神对待，通常以如下对白开始进行和结束。

你好啊！

你好。

我很喜欢你的……（请随便填空）好激动，在Q上聊到云云。

谢谢你的喜欢！:）

然后——

也就没有然后。因为除了作品之外，实在是在生活上缺乏有效和具体的交集，自然也没有共同话题。日子一久，就对不上号也记不住谁是谁。只有一位网名为"I'm fine"的少女例外。

沿袭前面的开场白后，她开始了一种简洁有力的交流模式。

如果是早上，"早安！"

如果是晚上，"晚安！"

如果是半夜，那就是，"安！"

她丝毫不啰嗦，也不多问别的事情。开始我会礼尚往来，回答以"早安午安晚安"或单字"安"。后来就害怕麻烦，假装隐身不在线不回答。但这位少女还是发来雷打不动的问候问安。这，这叫我情何以堪。有时候我相当愧疚，别人这么认真而持续向你问安，怎么能够无动于衷？于是回答问好。有时候又觉得总是重复好枯燥，于是又装不在线。有时候干脆心安理得，既然是问候，我收到了看见了就好了。有时候我又意念转变，不管怎么说，读者热切问候，怎么能够那么不近人情没有回音？于是我又回答问安——

　　我陷入纠结的矛盾漩涡。

　　我遇见过成千上万的读者，仅此一位，败给了她。为此我必须给自己心理分析一下，为什么问安少女"打败"了我？

　　1，我喜欢被问安吗？我是喜欢的。这意味着接收到善意友好。

　　2，我喜欢频繁长久地被问安吗？！因为持续而更加可贵，应当珍惜，我应该喜欢。

　　我便发现了核心所在。前者是温暖人性的需求。后者是价值观判定而后做出的行为配合，是偏道德方面的东西了。我其实懒怠——

　　于是我分裂了。

　　我的纠结仍然是所有人都会有的纠结。从小到大，无数人，无数书本，都会告诉你应该这样做那样做，但可能你内心却不喜欢。于是许多人言不由衷身心分裂。

　　在此我发布如此声明，你的问安我都收到了，我也问安你，不过我不一定全部回复。我感谢你发自自己意愿的问安，不论坚持多久。但我也会顺应我的意愿来做出回音。

只要我们理解了对方待人接物的模式，我们彼此就可以恪守自己内心真实的意愿，远离分裂。⚡

一大清早，北京的大姐一个电话打来，说，兄弟，我自由了，签证下了，三个月后出国。从此逍遥喽！

我傻眼了，你工作呢？

"不要了！"

我对她佩服得五体投地。放弃国内不错的工作待遇，一个人追求自己想要的生活去，真不简单。我在这边叹，"都知道逍遥好，欲望却忘不了。"

她一句话顶回来。

"有什么忘不了的。如果你忘不了，那是因为，你本来就不是一个真正想要逍遥的人，所以只能一边想着飞翔，一边去捡地上的前程。"

确实，我老实承认了。以前看一本小说，《月亮和六便士》，写的是大画家高更四十多岁时，放弃和睦的家庭和稳定的收入，为了对艺术的追求，孤身生活在一个小岛上，创作，做自己喜欢做的事情。

你向往吗？要我看，所有的人可能都会向往的。我也敢肯定，有大半的人会对自己沉重地说：人家是大作家，当然做得到。我这样的小老百姓，可不行。于是叹息，转身回头继续忙活那永远忙活不完的事情……

我们羡慕高更放弃世俗眼中的繁华，改变以前生活的勇气，但却始终不好模仿，于是，我们守着自己的围城，哀叹一辈子的束缚。

如果你连打破面前障碍的勇气都没有，活该朝九晚五。逍遥都是自找的，也都是自己放弃的。

我有个大学同学，女生，长相很像美国电视节目脱口秀女王奥普拉。嗯，奥普拉长什么样自己去搜索。这位整个大学生涯都是特别普通的女生，在大三那年，忽然有人看见她跟我们的英语教师手牵手在逛街。补充一下，那老师真的挺矮，男女身高居然刚好相等。闲言碎语小道八卦传出，还据说系里领导找男老师谈话施压。多年后，我在回家路上遇到英语老师，问他近况，他笑容满面说自己还在任教，那女生一毕业他们就结婚了，买房了，生娃了。

另外有个大学同学，这女生是班花，据说女生集体不喜欢她这个人。男生们呢，也没人追到她，得不到的当然也容易非议。我曾经约过她一次，那次我们吃了火锅。她说她挺努力去跟同学们，跟女生们改善关系的。但既然作为一个习惯高调的人，没法让所有人喜欢，那就没办法了。没多久，她做了一件豪迈无比又温柔动人的事。在那年圣诞节，全班全体男生分别收到意外惊喜：一张她手写的贺卡，导致男生们那天心情统统美得不行，浮想联翩。至今在我脑海里，深刻鲜明。她这算是彻底得罪了全体女生，衬托得其他女生清静无为，黯淡无光。毕业多年后，我跟另外一个大学男同学提起她，眼睛发亮，像是在回忆一段传奇。

MERRY CHRISTMAS

还有个女同事，离婚多年，四十多岁，英文不通，基本是零，有一天她在交友网站认识了一个美国佬，然后他们开始交往，恋爱，没多久结婚嫁到美国去了。去年回家办手续的时候，我们问她，什么，网上认识的？你不怕吗？你们语言不通你又不会英语，怎么沟通啊，就不怕人生地不熟吵架了你都走投无路。这女同事说，英语不好慢慢学啊，平时吵架生气她就使劲"sorry"，"honey，I love you"……对方就笑了。我们实在是太佩服她的勇敢无畏，复杂简单化。结果就是这样，我们白操心担忧了，她过得挺有滋有味的。

　　这世界向来如此，循规蹈矩者也没什么不好，只是永远没有勇者那样容易成就一段物语。物语也就是故事的意思。他们这些勇者，都是有故事的人，中国版的形容词是彪悍。

　　被讥讽的师生恋又如何，修成正果了他们去过自己的日子。就知道跟男生搞好关系又如何，闪瞎群众的眼大家最后也不过是闭嘴。女人四十了又怎么样，照样网恋结婚，还漂洋过海。我们记得他们的故事，谁会记得我们的故事？

　　大风吹，吹净人生表面的浮尘，显现真相。勇猛活着的人，也不一定比循规蹈矩的活得更好。他们只是非常率性和自我，在自己的物语里，成为了勇者。

桃与刀

上月出门，车厢那叫一个拥挤啊，公交车简直像菜场。不过人多归人多，第三排就有个空位，一见之下，满心惊喜。不过本人近视，凑近看清楚，整个人都冷静清凉了。我说呢，一座难求宝贵得超过黄金的交通工具上，居然还有空位。因为有个女士，气度安详，挥刀如庖丁解牛。不过她解的不是牛，是一枚桃子。雪亮的水果刀，锋刃锐利，脱衣服一样，桃子皮漂亮完整掉下来，还是螺旋状的。谁敢坐她旁边，万一司机一个激动，公交车颠簸一下，那水果刀换一个方向，缺胳膊少腿也许很难，但横插胸口，斜割脖子，竖切手指，绝对不在话下。触目惊心，望之胆寒。

这一路，该女士独享充裕的空间，其他乘客个个一脸的敢怒不敢言，我也是其中一个。

可是往比较邪恶一路想，大家都不去坐那个位置，也不管这个女士，心底怕是都起了恶念。看你公交车上削水果，出了意外怎么办？自作自受。

所幸车一路向前，中间还堵了几站，这位女士早就削完了桃子，细嚼慢咽，品尝起来。看她表情陶醉，可想而知，那桃子挺芬芳清甜的。直到我下车，她腿上的购物袋里还有十来个桃子，保不定她还接着削，接着吃。最近本地新闻也没冒出削桃女士误伤事件的报道，想必她运气好，没出事。

这算个什么事呢？

这事简直是钻石，多面体。一路琢磨这个问题，越琢磨越觉得世界真奇妙，人也很滑稽。

往通俗大义说，叫不守交通规则，严重危害到自己和他人的生命安全。往世道禅来说，恶行激发了恶意，罪过不小，你不让人坐，无形之中多霸占一个位置，我们也不提醒你，不管你的死活。一颗人心的恶，触发更多人心的恶。

往法律说，如果换了是在香港，巨额罚款，乃至被控诉危害公共安全，最后被判入狱都很有可能。没有严厉的惩罚，行为难以约束，可是再严厉，能比丢掉性命更加惨重？所以还得从心理学来说。

往心理学上说呢，这女士，属于非常典型的一种人格。她没法延迟对享受的渴求。吃桃子没错，在车上吃桃子也没错。在车上为了吃桃而削桃子那就大错特错了。为了一只桃子的清甜芬芳，冒着赔上一条命的危险，肯定不划算。闭着眼睛，用一点点理智，也可以做出明智的判断，但是呢，这女士就是这么做了，就是甘愿冒生命危险，去贪图一个桃子的甘美。对这种行为，纯粹道德批判是没用的，要是追溯其日常生活和童年成长，绝对是个民间俗语说的急性子。

有个心理学研究将儿童分为两组，一组经过努力、等待和磨练才能吃到糖果，另外一组迫不及待就要马上吃到。最后等他们成年了，统计看结果，经得起等待，将心理满足推迟的小组，成就更大，心理结构更稳定。所以教育更加倾向于培养"延后满足"。

从动物进化来说，有了猎物直接吞了是没错，全属本能。但找个安全的环境再享用，更符合进化。急性子肯定不等于效率，如果刀插在胸口了，你吃到了桃子又怎么样呢？进化中积累的经验教导我们，团队协助比单打独斗更好，安全进食才能活得更加长久，人生才能多干点有价值和有意义的事。

"桃与刀"只是一个小命题，但与此一致的认知偏差，无处不在。您大可以对号入座，反观下自身。

我遇到的所有猫咪，不管是身怀六甲大腹便便的母猫，还是体态富足皮光毛顺的公猫，不管是流浪小猫还是名贵宠物猫，基本上都对人保持警惕。

狗就不一样了，除藏獒猎犬以外，金毛犬哈士奇喜乐蒂萨摩耶，还有中华田园犬也就是土狗，对人态度和蔼，掌握了规律摩挲脖子喂点狗粮就搞定了。

然而实证心理学科学家说，猫只不过是驯化程度低。狗驯化严重，失去独立能力，才越来越习惯与人相处。

你现在是不是要怀疑我贬狗褒猫？

其实我喜欢狗多于猫，既然你那么独立，我也没那么强烈地爱你了。但我也没兴趣贬猫褒狗，我其实也挺欣赏猫的自力更生换什么环境都不坠腾挪昂扬之志。狗是狼演化而来的，却被人调教成现在这般了。

我认识两个开小酒馆的友人，他们养了一只叫大福的公暹罗猫，去了好几次店内，那猫对人温顺，远观亵玩两相宜，血统纯正，洁净高贵，对人毫无防备——后来，它被人偷偷拐跑了。

此外，我住在大学区附近，目睹的，加上看新闻报道，每年成百上千的流

浪狗到处晃悠，被下落不明或者被下火锅，或者车祸死在大街上，或者断腿伤残。这些不幸的家伙基本上都是串串：不名贵的混血品种。

同时，我还认识很多养狗的朋友，那些价钱超过了几千的名种犬只，居住在城市小区里，大部分生活舒适，健康良好。有调查统计数据说，家养宠物狗寿命基本上都达标。

至于大福，也不用担心它的命运，因为它身价上万，被偷拐走，就是冲着它是一只高级公暹罗猫，盯上了它，怎么舍得糟蹋它呢？带走去配种都是翻倍的利润。

你看，问题的关键不是你独立与否，也不是你温顺驯化与否。做只猫做只狗，活得好不好，死于非命或尊贵生活的概率，表面上看取决于主人的性格爱心经济水平，实则最终还是跟自身的价值紧密挂钩，花了更多钱更大代价，人类就更倾向于区别对待。尤其是，我在猫展和宠物店，看到众多养尊处优日均消费比我高多了的猫狗，它们可以配种，可以高价买卖，可以参加比赛获得奖金荣誉，从而备受宠爱。

对了，还据动物相关的科学心理学研究，猫猫狗狗们根本就不能理解人类的语言和感情，它们只是从讲话音调、态度和条件反射训练的记忆，来观察判断，自己作出什么样的表现，才能获得主人的优待。

宠物们想要有饱足安全的生活，过于天真鼓吹无条件的爱，是靠不住的，这就是世界尽头的残酷法则，它们也不过是人类的一面小镜子，照出人类自身的心理构成和游戏规则。

　　我有个友人在服装品牌专柜做事，上周请他吃饭，问我圣诞节会不会血拼，我说是有打算，但要看当时的局面啊，如果人山人海拥挤不堪，我也不敢去受那罪，再说也未必真的实惠，价格升高再打折还不是被宰。

　　他实话实说："运输管理销售店面广告什么摊下来大家都要赚一点，品牌们打到7折8折已经很实在了呢，你平时去买才最容易被宰。我可是咱们品牌的区域销售之星。是懒人还是购物高手，观察一下，最多聊三句，他就可以火眼金睛辨出功底。比如男人给女人买衣服，就千万别使劲推销，即便出货量大，恶狠狠卖出好几件单品，可是到了女人那里，这里颜色不满意，那里尺寸不合身，女人很快就会回来退货。其实浪费口舌精力大半做了无用功。但如果是女人给男人买，只有三个结果，大了，小了，刚刚好。充其量是换货不是退单，销售业绩仍然保住。"

　　我听了大笑，这倒的确。他接着大侃下去："上面那些还是雕虫小技，真正的高手出手，更加厉害。我上次看见一个太太在店内看了半天，一下子选了六套童装。要知道，我卖的是运动品牌啊，我上前闲扯几句，是不是给孩子买的啊？那太太果然说是，因为孩子在外寄宿，衣服懒得洗，干脆一周六套换下

040

来带回家好集中处理。结果，我让那太太又翻了一倍，加起来买了几万元。"

友人吊我胃口："你猜我怎么出手的？"

我哪里猜得到。他解谜说："我就跟那太太建议，如果是孩子的话，还在发育长高啊，童装换起来方便很快就穿不上，应该再多买一些不同尺寸，甚至是成人款的，您看，您先生也可以穿，容易洗，不容易变形，整体算下来不是很经济吗？"

果然很牛。不过还没完，友人再接再厉："这还不是顶尖高手，我们店这种运动品牌，单价上千的不多，有一款外衣单价三千多，几个同事说得天花乱坠也没卖出去一件，我卖了五件。像是上次，有个顾客摸了摸那款外衣，其实质量的确可以，但是价位在同等运动品牌里也属于太高。我很温和地跟那位先生说了一句，虽然料子款式都很不错，但这个价格是高了，您不买也没关系的。五分钟后，他刷卡了。衣服这东西，到了奢侈品的价格，就只是心理过瘾，穿得爽而已。"

这下我可领悟了，火药味埋伏得够深啊。不亏是销售之星。

搞定女人，才能搞定男人，难怪说商场是开给女人的，男人的衣柜也是女人掌管。

我决定以后在大街上看见穿得奇形怪状一身运动品牌的男人，要用佛陀大慈悲的情怀来看待他们。他们也是身不由己，家里主妇那几天想必心情不好，没空扮靓男人。

至于衣服得体有型有款一看就是标价成千上万单品的男同胞，更加要心怀悲悯，那多半是销售之星们语藏机锋，暗中开火，挑起男人内心的攻击性斗志，花钱如上战场，兔子掉进陷阱，还想逃出猎人的手心？一切都是心理战啊!

最后我问："那你在圣诞节这种超级购物战役中，是不是要大杀四方，大杀特杀啊！"友人露齿一笑："完全不必，圣诞节是大家的血拼物欲洪水开闸，纯属体力活，用不上心术。"

万法归宗，上钩这种事的最高境界，其实是自愿。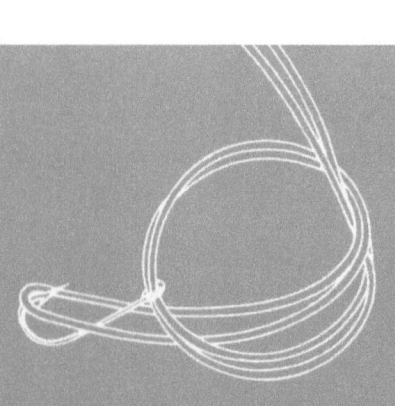

我有个女性的朋友摊上一个洁癖老公，洗手洗手洗手，天天折磨她脆弱的神经。非典期间尤其严重，而且振振有辞，卫生就是安全就是健康。如此偏执，自然因为他老公是医生。但现在他老公应该再没办法狡辩了。

因为，在美国亚特兰大市举行的国际传染病学会议上，公布了一些奇怪的材料。此次大会的重要议题之一。医学家们下结论：洁癖所带来的危害超过益处。对健康的过度追求即所谓的"洁癖"容易诱发儿童气喘和过敏。我们不应该忘记一些古老的说法，如"过犹不及"等。抗生素药品只适合于那些免疫系统已经被破坏的人服用，而健康人只需用通常的肥皂洗手足矣。

张小娴还写过一点小文章，在有关《一点点洁癖》里："我是有一点点洁癖的。我不会穿别人穿过的拖鞋，也不喜欢别人穿我的拖鞋，我怕人家的脚汗。我家有特别给到访的朋友穿的拖鞋；一次，那位朋友却穿了我的拖鞋。从此，我不敢再穿那双拖鞋。朋友借衣服去穿是没问题的，但是，穿完之后，一定要拿去干洗过，才可以还给我。"

也许上面说的你都知道，但不知道的是，洁癖还很可能是因为心理疾病诱发的。一个在家里被严格控制的小孩，会把压抑转嫁给一些东西。比如自己手、衣服、毛巾等一切可以清洁的东西，这是自我保护也是一种扭曲。一个人不是医生，但又喜欢拼命洗手，你说心理能够健康吗？正常的，就不叫癖了。

　　如果你有个严重洁癖的亲人，最好小心注意一些，那可能意味着他出现了心理困惑。这跟健康，可真是距离十万八千里了。有必要向你强调，爱清洁，是好孩子，洁癖？健康公敌啊！

有段时间我特爱去自助餐厅，很多要点菜的饭局我都不参加，因为实在是太讨厌了。

怎么个讨厌的具体内容呢？

比如，隔壁这位点了一道蟹黄豆腐，隔壁的隔壁惊声高叫：脂肪高啊，胆固醇高啊！蟹黄都不是真蟹黄都是咸蛋黄啊！

而隔壁的隔壁的隔壁点了一道麻辣鸡丝，隔壁的隔壁的隔壁的隔壁，就哭丧着脸嘀咕抱怨：那么辣吃了上火喉咙痛我不能吃辣。

哦哦，那吃什么？这个那个的换来换去，站在餐桌旁边的服务员强忍着怒火伪装热情的微笑，其实嘴巴里不知道咬牙切齿多少次了。

就这么折腾来去，大半个小时过去。这些就叫做分不清楚界限。

别人点别人的，是发自别人的需求，你点你的，是发自你的需求。为什么会分不清楚界限，因为心智的深处停留在幼儿时代。人的幼儿时代最受呵护，所以呢，家里的一切都围绕着幼儿转，看不到别人的需求存在。

所以呀，孔子这种古老的哲学家很爱说"己所不欲，勿施于人"。这就是典型的孩子气的话，傻乎乎的，心智不成熟没长大的表现。"己所不欲"吗？

你不愿意吃苦瓜，但有的人却爱吃苦瓜，你不让他吃苦瓜，他觉得你神经病莫名其妙。一个苦瓜的案例就足够从逻辑上捏扁这些格言。其实这也很正常，历史早期文明初定，很多经验刚刚总结，没有经过逻辑三段论的考验。后世经验足够丰富，思维"周延"（逻辑学名词）了，也就渐渐会符合逻辑地思考了。

真正的人际关系有界限，心理独立个体化。比如"甲之蜜糖，乙之砒霜"。正是因为认识到人和人不同，各自的需求也不同，才找得到那条彼此相处但区分开的界线。

近年来，我又恢复了一些饭局参与。跟朋友们见面聚餐，为求热闹。不过我倒是学乖了，只跟那些相对成熟一点的人吃饭。因为有共识，一人点一个自己爱吃的菜，别管别人点什么，反正ＡＡ制。

总算兼顾了说话交流情感沟通和吃饭口味。

你喜欢什么是你的事，我们未必就是水火不容形同天敌，但做朋友归做朋友，我绝不会因为你的喜好而放弃我自己的喜好。

那些让孩子执行自己意愿的父母，同样也是分不清楚人与人的界线在哪。他们把自己跟孩子精神一体化。这种父母也是因为成长过程出现了障碍，没能获得完整的独立自我，他们之上一定有着类似的爷爷奶奶外公外婆。

谢霆锋小时候老是被父母带去中环置地广场拍全家福，有次谢霆锋忽然问自己：如果你想让我拍照笑，给一个原因。现场很多记者等着，他还是板着脸。他妈狄波拉发怒，一个巴掌接一个巴掌抽他，他就是不笑。后来他听见妈妈跟爸爸说："小孩真长大了，有自己的态度了，也是，为什么要笑？"

谢霆锋这个服从了自己的小孩，过的才是真正的人生。

　　他走运的是，他妈会反思，会自省。也就是说谢霆锋跟他妈妈一同长大了，找到了界线。

　　真希望这个世界上界线清晰的人越来越多。

　　有界线，我们才能友好而互相不侵犯。

没办法,我得承认我的想象力特泛滥,尤其是在我必须办某事的时候。

今年我去办个人社保。我先在家里百度了大半天本地社保中心的地址,粮道街?这街在哪?二十五中学对面?对面多少米,一百米,还是两百米?办社保的要我交滞纳金吗?社保的人会躲在一个小窗口里冰冷冷不搭理我吗?会是那种一脸厌弃的欧巴桑工作人员吗?

想起这些我几乎崩溃了。

不行,我必须克服文艺工作者的毛病。强力鼓舞勇气,冲去那一站,下了车沿着巷子走了不到五分钟。找到了社保中心。排队了片刻,中心开门,冲进去上二楼,咦?居然是银行叫票系统,拿着一张排序小纸条,等了两分钟,走过去,出示身份证,哗啦啪啪,开放式窗口的男工作人员迅速打印出一张表格给我,叫我去邮局开户存够钱,完事。

我风风火火走出去,嗨,也太简单了吧!

这种类型的事情,还包括必须提分手,必须提辞职,必须……

当我诚恳地说出我想我们还是不合适,坦诚我的真实想法,我分了手。没有所谓的纠缠不休和哭闹。

当我跟昔日上司直白地提出了我还是想要离开我的第一份工作，尽管那工作我一毕业就开始做，整整四年。因为我必须出去看看外面的世界，更广阔的世界。上司没有为难我，反倒说如果转一圈想回来，我们欢迎你回来。

不管上司是出于礼貌客套这样说，还是真心希望，我浑身轻松地离职了。在提辞职前，我倍受煎熬反复想过成百上千的问题。会不会找不到工作，会不会在外面饿死，会不会很丢脸，会不会被为难不给我办理手续？会不会……

结果没想象的复杂可怕。

基于想象力做出的判断，永远只是猜测。像个庞大而可怕的墙壁，甚至那墙壁还在自己长高加厚，但事实上，那面墙压根没堵在我要去的方向。

当我态度坚决地去做一件事情的时候，结果不会比我想象的困难。

嗯，我会渐渐成为一个行动主义者。

就是这么回事。

这是我人生里学习到的顶顶重要的经验。心理学里叫反事实思维。

当脑袋里犹豫纠结十万个"如果"，我就畏惧了，害怕了，被无穷无尽的想象所压服。那是多么高大厚重的墙壁啊，倒下来绝对压死人。

可那只是想象之墙。

周末聚会一开始，贺元就郁闷了。

什么，佳眉小鸟依人的那个气质西装男，真的是她先生？花花挽的那个斯文眼镜男，真的是她老公吗？

一众闺蜜纷纷在毕业的两三年内婚了，在结婚前各人的选择大不一样，婚后小聚，带着各自家里那位出场，结果让人大跌眼镜。

当时佳眉选了个学计算机爱打游戏的男生，这男生可以一个星期不洗澡，等一个游戏打通关后身上的臭味可以熏死蚊子。脸上油光，鼻上黑头，惊悚吓人。

花花呢，嫁了个电影电视剧做道具的粗犷汉子，这汉子来自草原，大碗喝酒，大块吃肉，甚为豪放。众所周知，豪放的男人当然也不修边幅，从不搞婆婆妈妈打扮自己这种事情。说好听是豪放，说不好听是邋遢。

至于贺元，年纪最小，眼睛挺挑，大学舞会上，人群里捕获型男师兄一位。在当年大堆土里土气的男生群里，贺元的男友相当夺目。

结果聚会之上，彻底翻盘。游戏男现在变得干干净净，气质潇洒，身上淡淡香水味，十分得体照顾着老婆。粗犷男一身休闲男士装，还出人意料戴了副眼镜，一派斯文，笑起来亲切无比，观感舒适得像坐在高级沙发上。

吃完饭了换上品茶，男士们聊男士们的，闺蜜们聊闺蜜们的。别人都是夫妻名分，只有贺元带的是男友，且前来赴约的还不是当年的那位。

贺元本来信心十足，以自己选男人的品位和挑剔，肯定能够压倒大家。眼看大家的家眷这么出彩，贺元不由得郁闷起来，输人不输阵，现在看来，怕是连阵也输了。情海再得意，总归不如人家夫妻双双把家还。

右手边佳眉那一脸幸福真真切切，眉飞色舞发表见解：他爱打游戏，就让他打，我让他一步，其他他听我。个人卫生我说了算。还有啊，这社会风气就是一阵一阵的，前段时间流行折腾流行离婚，又一段时间流行只玩不婚，现在呢，又流行和和睦睦过小日子。

左手边花花则表面诉苦实则炫耀：多不容易才把自己男人改造成功，有了看相，带得出门，特有成就感。元元你品位最好，帮我看看打几分？

贺元肚子里冒酸水，嘴巴上甜蜜蜜：都是满分，好有魅力。

然后花花询问贺元怎么才一年多，又换了男友，早听说你不要师兄就算了，还要玩到几岁呢，还想不想要孩子？女人可是有生理期限的。

贺元有口难言，师兄根本不是她甩的，是人家给她面子，假装被她甩，实则变心，勾搭了别的年轻女孩。至于她这一年多时间里，换的男友也不止一个，不知道为什么，品相好的品行都有点不靠谱，口口声声两情相悦，说起分手干脆利落，自由空间挂在嘴边，谈婚论嫁心不在焉。

面对花花的发问，贺元只好心虚地假笑，希望这次有机会请你们喝喜酒啦！

那是肯定的，礼金我们都准备了，佳眉插嘴说。

一直以来贺元都瞧不上闺蜜们选婿的目光，老实巴交，没品位没情趣。这种男生她向来完全不入法眼，直接淘汰。现在她不得不承认，这些男人被闺蜜们改造得没有十分也有九分，对太太也不错。

如今看来，男人啊，还是品性第一，品位第二。外表越土越好，容易改造，个性脾气从小养成，最不由人了。自己回回选的男生们虽然洋气时尚卖相好，但要么就是被别的女人调教过，前科累累纠葛重重；要么胸有成竹自有审美，不用贺元操心，也轮不到贺元操心。

晚上回去，贺元瞅瞅身边的男友，心里琢磨，赶紧搞定他结婚。要是搞不定，下次一定找个好坯子，亲自改造，亲手调教。⚡

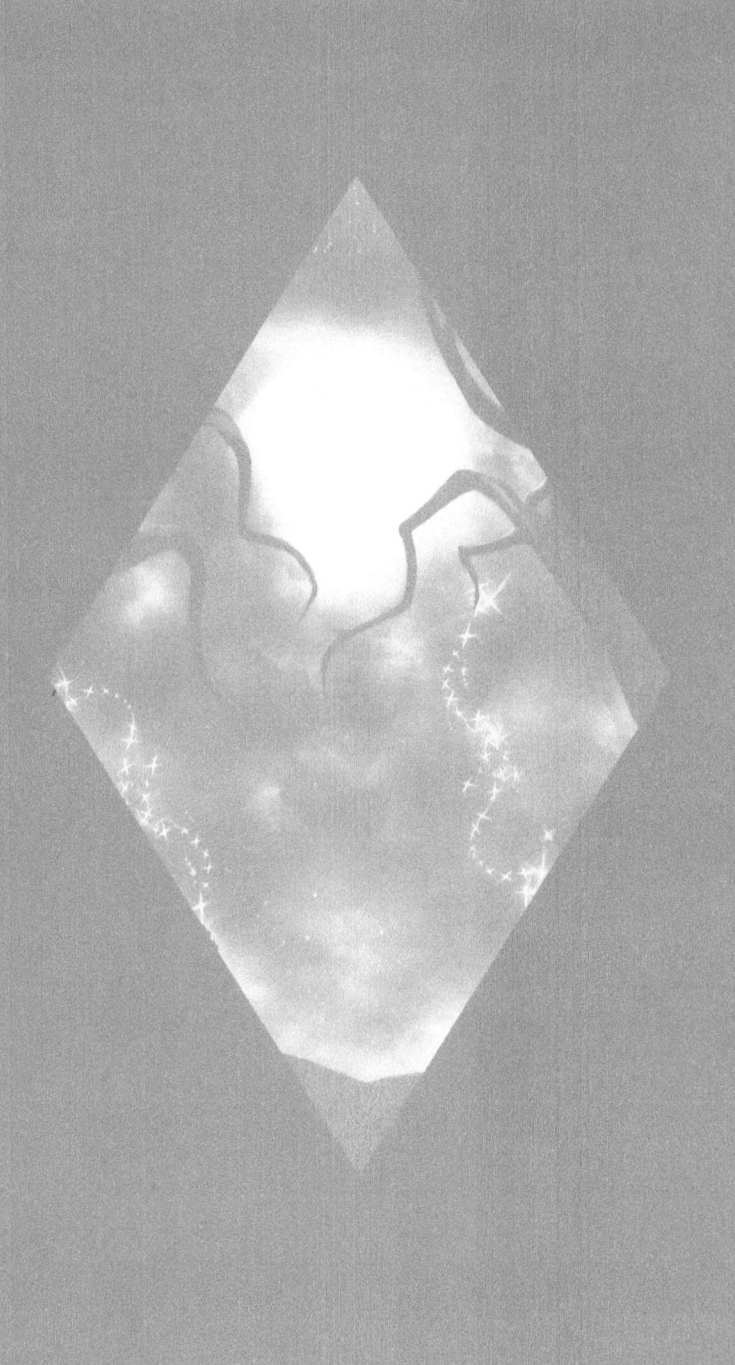

Chapter
02

情爱论

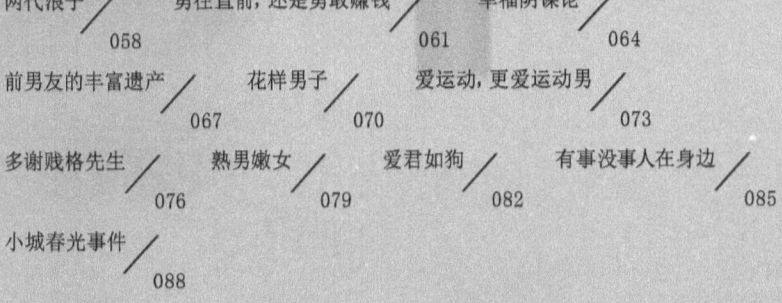

两代浪子 / 058　　勇往直前,还是勇敢赚钱 / 061　　幸福阴谋论 / 064

前男友的丰富遗产 / 067　　花样男子 / 070　　爱运动,更爱运动男 / 073

多谢贱格先生 / 076　　熟男嫩女 / 079　　爱君如狗 / 082　　有事没事人在身边 / 085

小城春光事件 / 088

甜姜跟在酒吧认识的男人结婚了，得知消息我们都大眼瞪小眼了。那男人出没酒吧不是一次两次被大家瞧见，照经验判断就是一位热衷夜生活的玩咖。甜姜跟他疯在一起大家都没认真当事，现在居然有了结果，弄得大家不知道该不该直言进谏。

好歹还是有人忍不住告诫甜姜，你确定这位先生做好了准备，以后收心跟你过日子吗？玩得那么自由自在，一下子要他安守本分可不容易。甜姜是这么回答的，我也没想到，玩玩而已，却动了真情，步入正轨。我知道他是混夜店的，我不也是混夜店的嘛！我们俩半斤对八两，约好了大错必究，小过不算。

但是甜姜太高估自己了。男人跟女人怎么会一样。果不其然，结婚后一段日子，我们叫甜姜出来玩，难如登天，在电话里她犹豫顾忌着自己毕竟是已婚，还是算了。好不容易甜姜鼓舞斗志周末出来消遣，发现别人也不爱搭理非单身女士。圈子那么点大，结过婚的人士一旦曝光，就是众人皆知的秘密了。

但是甜姜的男人就相反，三不五时以工作的名义以朋友的名义出现在酒吧，有其他女孩上前搭讪也没有积极主动撇清避嫌，虽然也没什么实际的罪证，但风言风语传到甜姜耳朵里，她发现自己压根没那么爽快看得开，总不能全天候二十四小时盯梢吧！

在没有孩子之前，甜姜摆脱了酒吧男。这次教训大概过于惨重荒唐。甜姜跑到另外一个城市去了。我们在本地酒吧继续看见她割舍的那位酒吧男，变本加厉频繁出入，纷纷摇头叹息：玩归玩，找结婚对象还是要尽量避开热爱特定场所的人。

一年后去探望甜姜，她已经是孩子母亲。在抱着婴儿的甜姜身边，一个有点年纪的男人靠在舒服的椅子上，微笑不语。甜姜嫁给了这个四十来岁的男人，大她整十岁。屋子里弥漫着和谐婚姻的气息，除了祝福甜姜，就是祝福她的小婴儿了。

等到大她十岁的老公回卧室午睡，甜姜才交代怎么找到这位好先生的。当时，甜姜看见角落里慢慢喝着一杯酒的男人，场子中央年轻人欢蹦乱跳如群魔乱舞，只有这位先生偏居一隅，笑容之下有一点倦意，甜姜心头就涌起强大的安全感了，她提胆搭讪，顺势搞定。

等一等，我截断甜姜逼问她，你是在什么场子搞定的？

当然是这里的一家酒吧啊！甜姜有点羞涩地回答。

好吧！事实就是这样，甜姜说自己其实是抗拒不了浪子的诱惑气息，所以身不由己又出现在当地的酒吧了，来来去去喜欢的都是类似气质的男人。不过这次她看上了一个面带倦意的老浪子。对男人了解越多，甜姜越心中有数，80后浪子跟70后浪子有着很大的区别。

的确，这个有经济条件的先生，身在酒吧，面庞浮现的倦意就是最好的保险单，身心到了某个时间段，他已经准备告别玩乐生涯了。

甜姜跟这位先生还是有共同爱好的：对特定场所。这样也好，有相同话题聊，可以一起白头酒吧客，闲话说往事。他们都安于生活可以好好过下去了。

勇往直前，还是勇敢赚钱

　　七七同学交往了一个年轻男医生。她遇到了两个小小的障碍，第一个障碍是男医生比她小，所以姐弟恋这种事情，姐姐们总得多照顾一下弟弟。第二个障碍是，七七的收入比男医生高。如今的年轻男孩子，撒娇的功夫一点也不比女生差，爱美爱时尚的心也一点不比女生少。所以每每男医生一撒娇，七七就直接投降。

　　比如上次去ZARA买衣服，内裤袜子选了一堆，七七签单的时候看着金额那一栏的一千零六元，手指头抽筋了一下，望一眼小男友的脸，默默签下自己的名字。出了门之后小男友从口袋里扒拉出一双同款女袜来，冲七七说，你看，我可不是没良心的人，我也给你挑了一双，这双我单独付账了，算是我送你的啊！

　　回到家里穿上这情侣袜，再看一眼年轻男友略帅的脸，七七的心大喜大悲就快人格分裂，一时间都失语了。可怜的七七来自小城市，奋斗在大城市，迷上了经济条件比自己差的男友，陷入了有生以来最大的困扰。于是乎跟小男友消费了HAPPY了逛街回家后，就开始自责懊恼，自己收入有限太挥霍浪费了。七七就开始打电话给好友们千回百转倾诉苦衷，搞得好友们一看见手机屏幕上出现七七的号码和名字,闻风丧胆,变成您拨打的电话无人接听。

七七自问,爱他吗?爱死了。愿意为他花钱吗?愿意啊!花的那一刻多爽啊!看着心爱的人眉开眼笑穿戴一身的名牌够靓够型,比花在自己身上还爽。

痛苦的是,七七一个月的薪水只剩下几百块了。指望男医生给她安全感?门都没有。有时候七七小心翼翼问男医生,我们要不要开始储蓄啊!男医生一脸愕然说,储蓄干吗?七七大着胆子说将来买房啊!男医生摇头摆手说干吗那么辛苦供房,我老家爹妈给我留了一套呢,大城市现在房子多贵啊!好好玩几年了回家结婚。

苦苦思索日渐憔悴的七七决定一次性了结这段痛并快乐的感情。她要跟男医生分手。

于是她提了,于是男医生答应了。

于是……这段大城小恋,不圆满地,没有画上句号。

事情朝着更加扭曲的方向发展了。

半年后的七七,做上了自己所在公司的中级主管,嗯,她的薪水加了一倍。也就是说,她的收入居然过万了。

作为一个拼搏拼命的女白领,她渐渐发现她的户头开始有一笔像样的存款了。与此同时,她在跟男医生分手后的半个月内,就又复合了。也就是说,她继续跟男医生在一起。

原因是七七在分手那几天百般纠结肝肠寸断,思念不尽的过程里,终于打通了某个好友的电话,在一番絮叨一番倒苦水后,好友也崩溃发飙了,在电话里霹雳雷霆一般大喊,你给我听着,七七,你现在只有两个选择,要么勇往直前，忘了他，走自己的路；要么勇敢赚钱，陪他玩。谁要你爱上的就是这么一个人，你给我认命吧！

就这样，七七如雷贯耳，得道了，觉悟了。

她选择了后者，勇敢赚钱。

于是，她的勤奋工作，换来了升职加薪。比较好玩的是，她的医生男友对名牌的爱好，还是那么的简单，并没有进一步升级到奢侈品的恐怖地步，挑选的无非是二三线牌子。男医生自己也在工作满一年后，涨薪了，他给七七买的礼物价值也提高了。据男医生说，他也没想过把七七逼疯呀，他只不过觉得，现代人有现代人的生活方式，穿好一点无可厚非，他也不是非要把自己打扮成超级男模不可。之前他也是觉得，既然七七收入多，当然多花点啊！男女平等嘛！等他收入多了，自然也可以多花点。

这段古里古怪的恋情终于走上了正轨，对于双方来说，快乐终于大过于痛苦了。七七挽着男医生的肩膀逛街时心想，这就是活生生的人生呀！我选择，我挺下去。

从女同事的嘴巴里听到阿令的故事，当时我就震惊了。

具体情况是这么回事，阿令到外地工作，奔赴向一家搞动漫产品的公司，除了一批工作人员，还有少数的青年杰出漫画家跟公司在合作。问题是这些青年漫画家们都相当之散漫，人生啊工作啊，都不怎么有规划。于是就有了这样的一种搞法。这家公司开了底薪邀请漫画家们入驻，总之就是给了基本收入养着，平时漫画家就好好待在公司里画漫画。有一个环境氛围，画画工作也专心，完成任务了，爱怎么过怎么玩都不管。

阿令就是这种养起来的漫画家之一。从外地老家来到这个公司，过上了这种半上班的生活。

原本这种漫画家都是一年两年的合作，反正自由不受限制，作品又有固定东家收获，算是不错的生活方式。

结果不到半年，阿令提出离职。公司方面相当困惑，当然还是要问问原因，是怎么了，有哪方面不满意？还是在本地生活有问题。阿令报出一个非常正常又非常惊讶的结果。

他结婚了，要回老家办婚礼，以及回老家过日子去。

什么？一直都只看见他独来独往出入公司啊？

真相紧接着水落石出，公司另外一个年轻的妹妹，并且还长得有点漂亮的女孩，也请辞了。原来他们两个已经偷偷摸摸交往了两个来月。其他同事们纷纷表示惊叹。

有人问阿令什么时候开始勾搭上那位美眉的，阿令很客气地回答，就是慢慢，有时候聊漫画认识的嘛！

这样的人生好事，当然是成全加祝福，公司同意更改合约，放他走人。阿令携带着他的老婆，成双成对，夫妻双双把家还。

约莫一两周后，负责阿令交稿沟通的同事才爆出猛料。这小子啊，很早就听说这家公司年轻女孩多，并且多数是真正的美眉，单身宅且无对象。所以他才毫不犹豫答应了过来这边成为签约漫画家。所以，他最大的目的，就是为了找个老婆，"拐"个妹子回家去。从头到尾，这就是一个有预谋的跨省工作。锁定了猎捕对象的范围，又有共同话题可以搭讪，成功几率大大提高，同时早就探听清楚了公司女孩子的综合水准，水到渠成搞定老婆。

没有稳定工作的，奔过三十大关，原本被认定还要继续孤家寡人的阿令，就这么解决了问题。达到目的后，他就立刻闪人了，轻重缓急分得很清楚。

就因为阿令目标坚定单一，就是以结婚为目的的，所以人家女孩子也掂量掂量人生，当然还是嫁人重要，工作什么的，再找啊！跟他一道撤退了。这种花花心肠小算盘，算计人生幸福的私人阴谋，别人又怎么猜得懂呢！唯有他自己心里最明白。

这个速战速决的故事，体现的唯一主题，就是直奔目的。自己的人生要

什么，可要搞清楚。要找对象要结婚要生孩子要快活幸福要过小日子，那就别绕弯子，抱定目标埋头冲刺。⚡

前男友的丰富遗产

阿博的劈腿提分手，结束了胡苏两年多的愉快恋情。马上奔三的她痛苦不已，耽搁了青春，所有真情也付之东流。认识阿博前的胡苏，已经答应了前前男友房子搞定就结婚，但没想到会在一个新品发布会上遇到阿博。

阿博是一个苹果粉，是一个电子产品网站的积极工作者，还是一个杰出的民间看手相达人。你一定也猜到了，阿博正是用看手相这招搞定了胡苏的。在无聊沉闷的发布会上，拿着通稿大家心不在焉等闭会，等着去吃主办方的自助餐晚宴。坐在胡苏旁边的阿博先开口搭讪的，哇，你的手相太妙了。

这个搭讪相当高明。因为说完那句太妙之后会议就结束了，大家蜂拥而出，逃离三楼的多功能会议室，直奔二楼的餐厅。

我的手相到底妙在哪里呢？虽然多多少少知道这男人在施展手段，但好奇心杀死猫，胡苏在吃饭的时候，主动询问阿博。

一番事业线感情线生命线的乱侃，被一个相貌不赖的年轻男人拿着手翻来覆去，胡苏就彻底晕菜了。胡苏没多久就跟阿博交往了。阿博对她其实不错，一万多的苹果电脑买给阿苏，带出去特有面子。尤其是别人问起来，胡苏就可以矫揉造作地夸耀我男朋友送我的啦。

劈腿分手之后，阿博还像个男人，没把东西要回去。对着一台还值点钱的笔记本电脑，胡苏决定卖二手处理，避免触景生情。于是她换回了五六千人民币，存了。没男人的女人，钱是最大的安全感。

分手带来诸多后遗症，其中一个负面的是，胡苏如果碰到别的男女亲密地聊什么星座啊运程啊八字啊，她立马坚定不移批判，都是迷信，骗小姑娘老姑娘的破玩意。这让胡苏显得偏激不合群，公司里的大伙儿就不爱跟她玩了，唱歌啊聚会啊，故意不叫她。

当胡苏终于意识到自己越来越孤单，是前男友害她变成这样的，发自内心涌起不共戴天的痛恨。

就这样成为一个怨天怨地的大龄剩女吗？胡苏不寒而栗。

生命中出现大林，胡苏的心才冰河消融，泛起春意。大林是一个相当有气质的熟男。遗憾的是，在公司里，胡苏没有引起他的任何注意。倒也不算胡苏不够魅力，而是胡苏沉闷的性格，偏激的口碑，让人敬而远之。

在一个庆祝某个大单搞定，职员集体出外泡温泉的场合，胡苏挪动着，挪动着，挪到了大林的身边。胡苏说，你好啊，大林。

你好。

你喜欢泡温泉吗？

大林很沉稳地回答，喜欢。

听说你老家是东北的？

是的。

戴着太阳镜的大林不卑不亢不冷不热，胡苏词穷了。情路如此坎坷，眼看又失败在望，急痛攻心的胡苏，电光火石，像是感受到某种神秘的启示，她开口问旁边的男人说，咦？你手相看起来很好啊！

是吗，你会看手相？那男人顿时兴趣昂然了。

握着大林的手，胡苏头头是道天花乱坠分析起来。前男友两年多的熏陶，胡苏也学到了几成。就这样，胡苏柳暗花明，成功泡到了大林，还泡进了大林为新婚置办的大房子里的大浴缸。

在这闪电一般的婚恋进程当中，胡苏还用卖掉苹果电脑的钱给大林买了一套高级西服。这给胡苏增加了不少"大方""体贴"的印象分。

后来胡苏偷偷总结经验，前男友留下的丰富"遗产"，她终于学会取其精华，去其糟粕。⚡

　　蓝宁所在的部门只有四个人，全是女人。这也难怪，只要像样点的公司，秘书部里都肯定是女人当家，而且还是不同程度漂亮的女人。但这个行业一大烦恼是很难找男朋友，一说起来经理啊董事啊老板啊的女秘书啊？谁不浮想联翩。不过如今大学毕业就业这么难，找男朋友的事暂时先丢一边。

　　蓝宁在部门的直属上司米莉是个风风火火独当一面的白骨精。年薪不用说了，就跟她的年纪一样，以万为单位。蓝宁对上司米莉是崇拜又担忧。像米莉那么能干精明高收入当然好，但看起来能干到这个份上，情路恐怕跟西天取经差不多坎坷。没多久，一次接待大客户，整理文件安排酒店联系会议室订机票忙碌得浑身散架，忙完了回到工作间，米莉一拍桌子，走，咱们姐妹们去嗨一嗨，放松下。

　　女人去哪嗨？蓝宁总算开了眼界。进了包厢，开了液晶点歌机，水果小食红酒堆了一桌，进来几个笑眯眯斯文可爱的男孩子。

　　蓝宁可是又紧张又有点小兴奋，面红耳热被男孩子献殷勤喂水果搭话。心里呢，她忍不住道德审判自己，相当纠结地想，原来米莉老大工作之余的娱乐是这个。真是……奇怪的是，有男孩子凑近米莉要敬酒，被她笑着挥手

指示，先陪我的得力干将们。进行到差不多阶段，在场人士没开始那么拘谨，变得挺放松的时候，又进来一个年轻男人，这个看起来明显成熟几分，更有魅力。这位微笑着坐到了米莉的旁边，米莉才没有推却。蓝宁更加若有所思，老大还是有品位的，瞧不上毛孩子。

只见那个成熟的男人手放到了米莉的腿上。

只见那男人含情脉脉说，你觉得我怎么样，不如我们出去走走？

只见米莉一反常态，露出工作里最不常见的媚态，声音软绵绵问，去哪里？你家还是我家？

这也太嚣张了。其他几个女下属强装镇定，不要妨碍上司的艳遇。

那男人回答两个字，都行。一手拉起米莉，拉出了房间，此时此刻米莉忽然回头，我已经先买单了，你们好好玩。然后靠在男人的肩膀上，让几个女下属目送他们远去。

上司一走，蓝宁她们没多久也散场了。一道打车时，有人忽然发出赞叹；老大这生活，啧啧，不知道他们现在进行到哪一步了。另一个说，那男的看起来有点年纪，可真迷人啊！不过年轻男孩也很可爱。听着她们心怀鬼胎的对话，蓝宁没搭腔，假装不胜酒力靠着前座。

隔了两天。蓝宁在一家挺有名的越南餐厅里撞见了上司米莉。

米莉旁边就是那个迷人的成熟男。

这，这是怎么回事？蓝宁尴尬无比。但米莉显然没遮遮掩掩的意思，大方跟蓝宁打招呼。蓝宁情急之下，脱口而出："放心，我不会说出去。"

"这有什么。这是我先生，来，打个招呼。"米莉一句话雷到了蓝宁。

先生？

"是啊，结婚了。"米莉懒洋洋很小女人地依靠在那个宽肩膀上，"我公私分明，保密工作做得好，都不知道。"

那男人似乎存心给蓝宁传道授业解惑，他搂着米莉情景再现，露出勾魂摄魄的挑逗笑容，"美女，今晚去哪过夜？你家还是我家？"

米莉笑了，"我家不就是你家。"

所以，那天其实是她通知了老公接她回家。

回头米莉冲蓝宁说："见笑了，我这位一贯不老实，从认识交往开始，就爱玩花样。本来我是最怕结婚了日子过得无趣，大眼瞪小眼，看着就烦。小女生们多半喜欢貌美如花的花样男子，但我们女人，还是更喜欢花样百出的花样男子。跟这种男人结婚，也就不觉得婚姻那么无趣可怕兼漫长了。"

"调戏老婆可不违法。"米莉先生笑道。

蓝宁瞠目结舌了半天总算冷静了，回去路上琢磨着，不知道她有没有这么好运气，遇到这么一个花样男子。

在国际广场三楼上班的苗子天天经过同一楼层的健身馆，那家健身馆故意全用玻璃墙，于是乎，每天看着一群男生挥舞着肌肉饱满的胳膊在跑步机上挥汗如雨。面对此情此景，向来很控运动肌肉男的苗子，怎么能不面红耳热？尤其是那个跑到HIGH时脱掉上衣的运动男，让苗子满脑子的既想远观也想亵玩。

于是苗子兴冲冲跑去那家健身馆填表报名交钱办卡，教练什么的也不要，瞅准爱脱男每天来的时间和位置，在最近的距离开始搭讪。没多久，他们就熟了。

熟到什么程度呢？他们锻炼完了就去五楼吃点健康低脂高蛋白的食物，晚上有空还约着一起去看个电影，电话短信频繁密集。差不多也就两个多星期吧，腹肌男刘达成了苗子的男朋友，苗子搬去跟他同住了。

做运动这事情，比较奇妙。苗子是个一向坐惯了名企办公室的女白领，好逸恶劳养尊处优的。就因为要认识心仪的男生，跑多了几次健身馆，发现流汗的感觉很爽啊，苗子爱上运动了。上班下班约会运动，情绪饱满睡眠踏实，益处大大的。

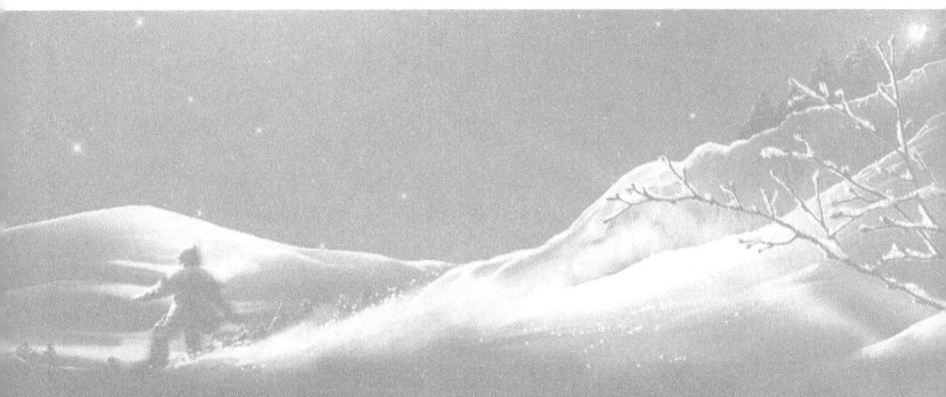

渐渐地，苗子发现自己变得健美了，隐隐约约肚皮开始冒出腹肌的轮廓。危机就是在这个时候爆发的，刘达用一脸吃不消的表情冲苗子说："没想到你真的喜欢搞运动，你看你也太过头了，腹肌都快出来了，再跑下去摸你就跟摸男人似的。还有我根本不喜欢女生有汗味。"

苗子慌了，想要悬崖勒马挽回局面，但是太迟了。因为苗子去健身馆退卡时，遭遇了前台小妹的白眼。对，事情总是内外原因都有才腐败的。在苗子汗如雨下状态良好运动中，刘达的视线停留在了白白嫩嫩香喷喷的前台小妹身上。真的，天天在柜台那儿收银跟客户介绍资料，从来不晒太阳，当然是相当婉约幽美女人味。更出乎意料的是，他们简直发展神速，开始谈婚论嫁。

大势已去，苗子无可奈何。健身馆这种地方，成了她心里最深的痛。对于男人的审美品位……苗子深恶痛绝，差一点再也不相信爱情了。虽然他们爱锻炼爱肌肉，但只是为了增加自己的男性魅力，并不爱女生的运动汗味和肌肉。

就这样，在沉寂了半年休养生息后，苗子，英姿飒爽地跟另外一枚运动肌肉男谈婚论嫁了。对方是一名体院的本科生，在学校的网球场上，跟苗子一见倾心。爱上苗子流汗时候的可爱模样。

他们很快拿证了，夫妻双双去学校任职体育教师了。男的教男生，女的教女生。这一切的绝地反击，只因为苗子发奋考上了本地体育学院的研究生。偏体育理论方向的专业，也招非体育本科生的，苗子读书搞学习的底子是一流的，不然也进不了名校和名企。

亚里士多德说：吾爱吾师，吾更爱真理。苗子呢，是吾爱运动，吾更爱运动男。对运动上瘾了的苗子，发誓要兴趣择偶两全其美。

还有什么地方可以找到最多年轻的运动男？还有什么地方可以衬托出自己的优势，又保留自己的爱好？唯有体院最适宜。

真的，在人高马大的体院女生群里，苗子仍然是一位娇美的女生。兼顾了身材不错，身高一般的优点，极好地满足了男生的自尊心。谁要跟那些身高跟男生一样，打架起来男生恐怕还要吃亏的强壮女生谈恋爱啊！其次，体院男生那么多，对女生的汗味饱受熏陶习以为常。

正所谓，在对的地方才能找到对的人和对的爱情。至于苗子对健身馆的阴影，也就很快烟消云散了。

好友颖儿搞清楚自己接二连三被当成了挡箭牌，哭笑不得退避三舍。事情是这样的，一连几次，间隔时间最多一两个星期，颖儿接到乔本的电话，乔本热情洋溢不容置疑地发出邀请，喂，美女，出来吃饭啊！我请你，晚上八点，某某音乐餐厅。

有男人请吃饭，对于女士来说多多少少比较有面子。天天忙单位事情，个人问题悬挂发愁的颖儿还琢磨了一下，同事几年，乔本在单位表现还可以，去就去吧。第一次去赴约，颖儿却发现乔本还带了一个女生。颖儿心想，这怎么回事？边吃边听，原来那女生是乔本的前女友，出差来这个城市，顺带想见乔本一面。这饭吃得很饱。颖儿醒悟自己是借来作陪的，也是，旧情人见面是比较尴尬。

第二次又请，颖儿多了个心眼，反问还有别人吗？乔本一口一个没有没有。结果……当然有啊，不止有，且这个出现的女士偏成熟，还对颖儿不断盘查审问。原来这次还是前任，想跟乔本复合，乔本跟她说，颖儿是自己最近可能考虑的情况。于是，颖儿被当成了同场竞技的劲敌。这次的高级西餐，颖儿消化不了。恨不得在心里抽乔本一千个耳光。平时在单位不觉得，想不到

这家伙情感关系这么纠葛。

本来颖儿满腔热情觉得可以发展发展，现在却心如冰水。等到第三次乔本又来请吃饭，颖儿马上推辞：哎呀，不好意思，我今天肚子痛，在家休养。

对方说，中午还看见你活蹦乱跳逗别人的宠物狗啊！颖儿无语了，片刻后她说，鬼知道你的饭，会不会又是鸿门宴。

乔对天发誓绝对没有，还大赞了颖儿性格好，人也容易相处，一起吃饭很舒服。颖儿心想，好吧，给你最后一次机会，要是还把自己找去当成逼退其他女士的挡箭牌，就再也不搭理你这个人了。

这次，颖儿见到了真命天女——乔本的现任女友，一脸骄傲但其实毫无值得骄傲本钱的一个女的。一顿饭乔本只顾埋头苦干，那位现任甜甜蜜蜜挽着乔本说，我们也想不到一谈就成，见过家长了，证也拿了，准备下半年摆酒。她还问颖儿，到底喜欢什么样男人，要不要她帮忙介绍？

颖儿心里有了准备，雪亮一般明白，就耸肩一笑，直截了当回答说最近只想专心事业。

这小姐说，颖儿几次帮忙，这次是感谢，怕颖儿误会什么。颖儿继续落落大方，不去计较这天造地设的一对奇葩了，反倒热情祝贺他们。等他们买单先走了，颖儿专心吃东西，不浪费食物。这世界奇妙啊，乔本这样的人，也有同样可恶的女性来喜结良缘。同时，颖儿对乔本这个人，再无废话，就两个字判决书：贱格。

没多久，颖儿交上了男友。这是一个相貌不错，性子有点急躁的大男生，不过跟颖儿的沉稳相当互补。颖儿本来还困惑不解，怎么突然有优秀男生来主动追求自己。

之后，这男生解释说，他就在附近写字楼上班，习惯在这家餐厅吃饭，所以全过程都看见了。不仅看见了，还看明白了。看来看去，所以，他觉得颖儿这种好姑娘，机不可失失不再来。

好吧，这事该怎么庆祝呢？颖儿压抑不住事业情感双丰收的开心，请我吃饭了，顺道倾诉一番。遇到贱人就算了，反正也不是自己的错，贱格男反倒激发了她的优良表现。莲花也要淤泥反衬。而且自己没吃亏，好歹三顿免费大餐。

正是那位贱格男跟他干出的贱格事，衬托出我的熠熠光辉呀！颖儿发自肺腑说了一句，多谢贱格男。

简密在公馆KTV的大包厢第一次见到大中,一见钟情。当天的大中留着小胡须,西装衬衫,笑声巨大,还点了俄国歌手维塔斯的那段歌剧高音,鬼哭狼嚎绝对奔放。简密目眩神迷主动出击,下次我们约着再一起唱歌吧。大中一口答应好啊好啊,下次去母馆。

啥?简密一愣一愣,大中扶着她的肩膀油嘴滑舌,公馆唱腻了就去母馆嘛!简密就笑喷了。

穿衣够成熟,脸孔够有型,谈吐够幽默,身高够海拔,大中完全符合简密找男友的标准。所谓女追男,隔层纱,三天就搞定。三天后,问题来了。

大中带着简密跟他的友人去禅石餐厅聚餐,在这种挺有小情调满眼高龄人士的艺术餐厅,简密发现事情有点不对劲,第一个友人来了,戴着无镜片黑框眼镜。第二个友人来了,打着闪亮水钻耳钉……到第三个友人,第三个友人因为发小脾气,干脆就晃一眼直接闪人了。简密目瞪口呆。

简密总算搞明白了,第一个是九零年代非主流啊,第二个是八零后期小青年,第三个也就那么点大,完全小孩子任性。最后她才摸清楚大中只有二十二岁……简密在心底大喊,苍天,这也太不靠谱太残忍了。

至于简密……她已经二十九了，地道大龄女青年。搞清楚了年纪的秘密，他们双方是相当的"惊喜"。如今这年头，熟的扮嫩，嫩的扮熟，全错位了。更超出简密想象的是，大中居然对简密的资深无所谓。简密呢，身心已经全情投入了，拥抱接吻什么的，该有都有了。情深意切欲罢不能。

无所谓归无所谓，在接下来的两个月交往中，只要有聚会有外人，大中百谈不厌的新话题就是猜年龄。在旁人大惊小怪叫着"什么，大中你不是二十八啊"、"什么，她马上三十了"中，大中乐个没完。简密……外面强颜欢笑，心里那是懊恼逆流成河。

没辙，命运弄人啊，外表看起来特别登对，但灵魂还是姐弟恋。简密爱得心如刀绞，但多出的七岁不是白活的，她决定手起刀落，智慧理性地斩断情丝。提了分手，对方挂了电话，简密偷偷哭了个稀里哗啦。

没想到的是，躲开一个星期后，大中猛然打了个电话给她，口吻轻松问简密，在做啥，吃饭没，我们去吃日本料理吧！简密立刻防线崩塌，纠结犹豫丢脑后，穿上漂亮的恋爱战斗服，赴约了。

吃完逛街，遇到友人，友人问大中："听说你最近交往了一个美女姐姐哦！不会就是这位吧！"

大中开骂："放屁，谁眼睛瞎了胡说八道，你自己看，这是姐姐吗！"

"那到底多大啊？"大中搂住简密，笑眯眯回答，"她？她今年才十八呢。"

"简小姐是看起来像大学生，但绝对不可能十八。"

大中哈哈大笑，"记住，女孩们永远十八，永远是美眉。记不住的都是猪脑不开窍。"

这一刻，简密发自内心笑了，她突然觉得大中的灵魂没那么幼稚。至少二十二岁的他很懂怎么做一个有型的熟男，当一个体贴的绅士，幽默得恰到好处。心理年纪成熟就好。

某个黄昏简密小心翼翼问大中，想过什么时候结婚么！大中回答，什么时候都可以啊，我这不是满了法定婚龄嘛！你不是有房子住吗，我也有工作啊，现在钱少，以后总会多起来的。不过，我的就是你的，你的还是你的。怕什么呢！

放下千回百转的顾虑，简密决定勇敢走下去，她也多了点幽默感，那好，明天办证，证钱我请。

　　小娜把男朋友搞到崩溃的那一天，她男朋友在夜里干了最想干的事。穿最黑的风衣，黑鞋子，最后还戴个黑帽子，抱着那一坨黑乎乎的家伙，打车去了有点偏的地方，跟一个看门的老头嘀咕两句，一声不吭放下Sam，老头抓住Sam，她男友转身就走。

　　Sam是小娜养过的第三只狗，第一只是刚上班时候养过的小博美，但工作变换，城市也换了，于是挥泪送博美。第二次是小娜开始跟现在的男朋友交往，时不时在宠物交易网站浏览的小娜，喜从天降发现有人送狗。送的还不是普通货色，是有微笑天使之称的萨摩耶。雪白的毛，满脸笑容的大狗，小娜神魂颠倒，一定要男朋友跟她养起来。遗憾的是，这只大狗吃惯了米饭，吃不惯狗粮，又被小娜热情昏头喂了一把板栗，就开始拉肚子，把居处搞到一片狼藉。后来那只狗还当街拉出一只安全套，路人看着这对情侣这只狗，一个个笑容万分诡异。回家后，男友暴烈地教训了小娜，把狗转送人了。

　　第三次，小娜养狗的心还不死，拉着男友选了一只小型犬，看起来楚楚可怜的小黑狗Sam。小娜看过不少欧美电影，电影里，拥有爱你的男人、带草坪的大屋、热情忠诚的狗，幸福的主妇在阳光下喝茶吃甜点。这梦就变成了小娜挥之不去的执迷。收拾狗大便喂狗都归男友，小娜只管拖着男友一起户外遛狗。跟男友养狗成为小娜择偶的不二法则。

失去了Sam，小娜对男友恨之入骨，确信他不爱她，不然怎么会容不下她的一个梦。男友发飙说我工作很忙，没心思玩狗。于是狗没了，他们分手了。

分手之后，小娜发誓要找一个原本就爱狗的男人，而不是后来为了爱人，勉强才养狗，正所谓勉强是不会幸福的。运气来了，在她家附近的天桥上，她邂逅了刘齐，一名有房有车职业正当的男人，年方三十。牵狗从小娜面前逶迤而过的刘齐，深深地捕获了她的心。

鼓足勇气，小娜主动跟那男的搭讪了。他们谈狗聊天还相互请喝东西，交换了手机号码。隔天，小娜发短信给刘齐，表达了希望去他家看狗，以及给狗拍点美照用来欣赏的想法。刘齐回复过来说，你就这么爱狗啊！

小娜又回复，那当然啊！我都爱成了大龄女青年了，你说我有多爱。

之后，小娜没能去刘齐家里看狗，他们在公园的广场上会面了，小娜跟狗玩得很开心，刘齐笑眯眯在一旁看着。小娜的心，那一天彻底融化了。

再后来，小娜伤心欲绝了。她得知爱狗的刘齐各方面都不错，就是结婚了。还能怎么样呢，小娜这回大梦觉醒，伤痛到底。觉得什么人都不爱了，还是一个人待着吧，大龄就大龄，剩女就剩女吧。

小娜没想到，没多久，刘齐又来找她了。小娜冷脸不想搭理，都已婚人士了还纠缠个什么。

刘齐坦白，在同一区出没，多次看见小娜，他早就暗恋了一段时间小娜，总看见她在卖小狗的摊子前恋恋不舍，于是他养了狗。目睹小娜交了男朋友又分手，心里盘算终于有机会了。然而看见小娜这么爱狗如梦，不知道怎么心里开始不爽了。见过几次面后，越发觉得这姑娘怎么对狗热情对人冷。当小娜顺口问他情况时，他撒谎说自己结婚了，老婆在外地。

还好，小娜的表现显得合情合理，为了刘齐这个人的无缘而悲情无比。刘齐也放心了，小娜这人，她不是爱屋及乌，爱狗及君，她是怀着一颗向往模范温馨的家庭生活的心。

刘齐跟小娜终成眷属了，不过刘齐唯一提出的硬性要求是，每天轮着清理狗大便。⚡

当佼佼有房有车，还有一份体面堂皇的工作时，她已经离婚三年多了。孩子归了前夫，因此她在这个城市是自由又寂寞。一个成功的女人即便婚过，也不排除遇到优良男人再婚一次的念头。尤其是事业有成的佼佼愈发精致动人，婉转可爱。佼佼的理想是有一个更优秀的大城市男人来跟她并肩作战，以高水平的生活条件为基础，向着更高水平前进。

因此佼佼真的就重新开始交往了一个热爱运动的中年男人。以佼佼的条件，当然不会找个肚子像地球，头发像地中海的有钱中年男。那种男人能给她的，她自己就可以。中年男常常约她去各种运动健身场所，他们从羽毛球打到网球，从游泳馆的标准泳道到体育场的标准跑道，再到气氛良好的高级餐厅，最后再到一张寂寞了很久的双人床。中年男保养得当的身材，让佼佼觉得努力总有回报，坚持就是胜利。多少个寂寞的日子，她没有妥协于给自己随随便便找个男人的想法。

中年男当然也离过婚，老婆孩子都处理得很妥善，不存在妨碍再婚的情况。但佼佼不想自己提那件事，无论如何女人总是矜持的。意外发生在一个周末。那天周末佼佼给自己泡花茶养养颜的时候，不小心倒歪了开水。淋了她一脚的开水，把她给烫哭了。在佼佼最需要中年男在她身边的时候，中年男在一千多公里外的另外一个城市。那又怎么样？有高铁啊。偏偏中年男实在走不开，道歉加安慰加承诺回来了加倍补偿，佼佼勉强挂了电话。

水泡折磨着佼佼，去医院换药也折磨着佼佼，让她雄心万丈瞬间烟消云散。让她痛恨所有婚姻关系持续，生病难受了有人殷勤伺候的稳定夫妻。跛着脚没法工作的佼佼靠上网转移注意力，她想起了所有曾经对她好，有事没事都在身边的男人，包括送花送饭的大学初恋，跟后来结婚的碌碌无为的前夫。

在无聊的养伤期间，佼佼在网上找到了初恋男。初恋男小心翼翼跟她周旋，说家里人看着，跟别的女人聊多了不大好。至于前夫，则非常敏感地反问你知道我要结婚的事了？不然怎么突然打电话来？

悲剧感极度旺盛的佼佼决定中年男一回来，就跟他办正事。没有名分，她也不好意思过度要求。

差不多一个星期，佼佼小腿上的水泡消退了，中年男回来了。

差不多一个月后，佼佼跟单位里一个年轻男孩结婚了。年轻男孩是个御姐控，也就是喜欢能干又漂亮的大姐姐。虽然毕业才两年，没房也没车收入一般。但是，年轻男孩热爱生活，还会做两样小炒。最重要的是，有事没事都在身边。

原本佼佼是看不上毛头小子的，总觉得心智发育还欠缺。年轻男孩跟佼佼表达过倾慕，但佼佼嘻嘻哈哈敷衍掉。

现在佼佼觉得久违的幸福真美好，男人心智没必要太发育成熟，有些人太成熟了下一步是升华，有些人却是腐烂。因为佼佼事后发现，中年男其实早就办事完毕回来了，但就是不想去照顾可怜兮兮养伤的佼佼，这种行为很没感情道德。年纪大的人都更需要对自己好，让自己舒服，对方的感受就只好放在第二位了。佼佼从成熟的中年男身上强化学习了这一点。

反倒是年轻孩子在网上嘘寒问暖的，他一点也不介意当家庭煮男。

佼佼在心里想，时代观变得更适合女人生活，只要女人的脑袋不再一根筋。男人成熟不成熟，成熟好还是不成熟好，女人的感受说了算。佼佼觉得自己是升华了，年轻男孩，不，年轻老公兴冲冲开着她的车送她上班，证明他们是双赢。

真的，不用自己开车，上班途中的佼佼多了二十分钟补睡，出现在办公室里更容光焕发魅力动人了。

她在公司里忙碌，是顶梁得力的人物之一。今年二十四岁的她，已经是漂亮的白领。公司新来了员工，是一个样子简单目测一米七的年轻男子。年轻男子说他是她部门里的新人，请她和大家多多指教。

他笑起来的表情，好像跟她很熟悉，也好像跟每个女职员都很熟。她笑一笑说，那好好学习，大家都会帮你的。

于是每天她的早点由他代买，她要喝水，只需要仰头抬下手，温热的水就端到她面前。这样乖巧的小弟，她还算满意。

后来，她换到了别的公司。那家公司以更加好的发展条件，诱惑她跳槽。她当然就爽朗地和一干旧同事告别。

在新公司不到一个星期，她习惯性地仰头抬下手，又是一杯温热的水递到面前。这下轮到她小小的惊讶了一把。她问，你怎么在这里呢？

可不就是他么。他说，我怎么不能够在这里呢？跟着徐置姐做事开心嘛！

某次，公司临时要设计一款宣传招贴。虽然是小项目，却也不能够马虎。她左挑右选，都不满意。摇头的空隙里，他却脚步轻快地送过来一卷图纸。

她打开来，闷头看了半天，问，你既然美术功底这么好，为什么不做专业的设计？干吗要跑到这样的公司荒废青春？

他却说，嘿嘿，有时候求个做事开心啊！

她不是小姑娘，有什么不明白呢？他做的事情，几乎类似一个打杂小弟，有什么开心的。这样一个年轻男人，唯一开心起来的理由，只可能因为女人。除了她徐置，还会是谁？从旧公司跟到新公司。

时间久了，真正熟悉了，她也常去他的格子间晃一下。那次，他不在，她在他抽屉里翻零食，其实那是他刻意给她准备的。翻到一个本子。在他的本子里，横竖贴满了她的画像。其中一幅，就是当年的那一幕。她头发披散，弯腰，系鞋带，雪白的脚上戴有红环。

她就脸红了。

当年，也就是2000年的时候，她是个高三学生。她还不在上海这个大城市里打拼，而是在邻近的松江。江南水土一贯养美女。那年，已经身材发育不错的她，站在游乐场门外买进场票。可是，她的鞋带掉了。她的裙子很短，弯腰时刻，她分明看见排队在后面的男生也蹲下身去。

她很生气，就打了那男生一耳光。那男生讪讪地走人了。

有时候，就是这么回事。他惦记着她的裙子很短，腿很好看，并且脚上戴有一束红色脚环。

这些年来，从小城市到大城市，他始终藏在角落里，与她一起长大。直到他们都足够大了，现在他跑到她身边，殷勤地帮她倒水。这中间，她和大学里的男友恋爱时间足足五年，想必他也观望了五年。

他居然一直惦记着她意外流露的一点身姿。

到如今，她已经很理解男子对异性美丽的爱慕了，因为偷偷摸摸才猥亵，其实大方欣赏，反而高雅。此刻他已经回来了，手里是她爱吃的烤鸡翼。

她笑着，问，从前我打过你一耳光，现在，讨债来了么？

看来她已经知道了他的秘密了。他却耳朵一红，说，你愿意做我的女朋友么？

很快，他们就成了男女朋友。有关两个城市以及美丽的腿的故事，有一点点需要澄清。

他说，其实，你没有打我耳光，被打的那个是我同学。我在他后面，看见你的腿很美。

Chapter
03

浮世绘

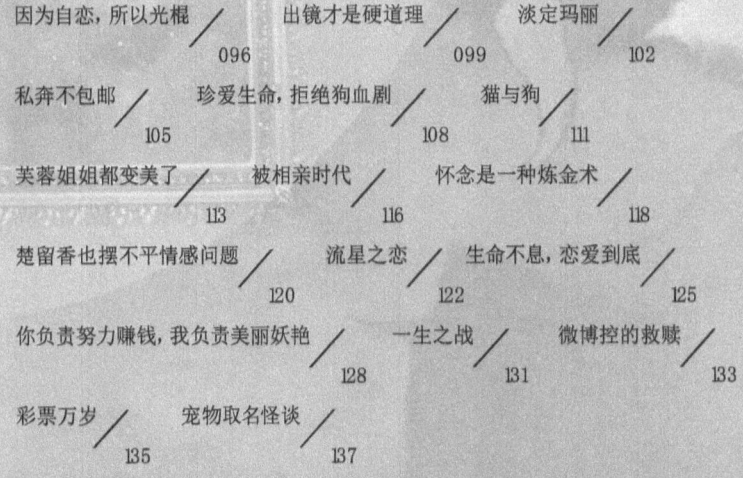

因为自恋，所以光棍 / 096　　出镜才是硬道理 / 099　　淡定玛丽 / 102

私奔不包邮 / 105　　珍爱生命，拒绝狗血剧 / 108　　猫与狗 / 111

芙蓉姐姐都变美了 / 113　　被相亲时代 / 116　　怀念是一种炼金术 / 118

楚留香也摆不平情感问题 / 120　　流星之恋 / 122　　生命不息，恋爱到底 / 125

你负责努力赚钱，我负责美丽妖艳 / 128　　一生之战 / 131　　微博控的救赎 / 133

彩票万岁 / 135　　宠物取名怪谈 / 137

　　周日一群陌生的朋友聚到一起，到郊外游玩。一趟玩下来，大家就都熟了，待回到市区后，又走得七零八落。朋友黎说要请人吃饭，我们余下来的几个人干脆一起去，如何？

　　再好不过，免得回家还要自己做饭，太麻烦。四个人一起跑到一家吉雅诺意式西餐厅。

　　我、朋友黎、男生光和小姐赵，吃完了闲聊，话题跑马一样来来去去，最后说到心理上。

　　朋友黎指我说，他学过呢！在心理方面的杂志做编辑。

　　赵小姐好奇地问，心理学是不是能够算命？

　　我和朋友黎一起呵呵笑了。哪能啊！心理学，那可是地道的科学。

　　那有什么用呢！赵小姐困惑不解。男生光是报纸记者，插嘴说自己对心理的东西特感兴趣，就是觉得挺神秘的，能够看出别人心里想什么。我说都不是。要是那么容易就看出别人心里想什么，那不成妖精了。

　　我说，其实一点也不神秘，心理学呀，就事论事。你看，你们两个现在的小动作就可以泄露一点小秘密。

我还故意搞得神秘气息地说，这样吧，你们呢，就先当我是在给你们"算命"，看我算得准不准确。

两人不信，我先对男生光说，你看，我们大家都吃完了意大利面，各自坐着。你呢，把面前那块棕色的餐布不停地折来折去，每次折叠得还特别整齐，花样漂亮。这说明什么，这说明你这人自恋，还不是一般的自恋。

我说到这，男生光还想狡辩，一低头看，可不是。赵小姐一听，赶紧看自己手上，也在折腾餐布。

我赶着对赵小姐也补了一句，你呀，也自恋，就是恋得还没他那么厉害。自恋的人多半打光棍。话一出口。赵小姐又是拍桌子又是恼怒地笑，叫嚷着，不可能。男生光也是在椅子上摇晃来摇晃去，张大嘴巴不肯相信。

把一旁跟外国人正聊得热乎的老板，也给吸引来了。餐厅老板还以为顾客对食物不满意，所以大拍桌子呢。得知跟她没关系，松一口气招呼别的客人去了。

我看着他们的反应，乐了，心想我说的八九不离十了。

朋友黎说，你真说对了。赵小姐是她认识好些年的朋友，一直找不到对象，一直没嫁人。那颗又挑剔又恨嫁的心，正没地方接纳呢！其实赵小姐很漂亮，还很有青春气息呢！一眼看去，根本看不出她还是个老小姐。

至于男生光，不追问我为什么？他自己直接承认了，以前有一个，后来分手了，就一直不想再找了。可一个人回家又觉得闷，每天忙完工作就无聊得紧。别人家的客厅摆的沙发茶几，自己家里啊，是方方正正的雀儿窝——麻将桌一台。

他条件多好，长相也帅，薪水高，偏偏到现在还没女友，家里的老爸老妈催得慌，说今年要是还不带一个回去，就跟他没完。他说得眉毛乱舞，叫苦连天，打算今年年底出去旅游，自己家父母惹不起，只好躲一边去。这下两个人都不依不饶了，问我为什么。

我说，道理也简单，爱自己是容易的，爱别人就比较难，要付出时间，付出心力。还要担当受伤害的风险。所以呢，我们都挺享受被人爱，却吝啬爱别人。所以就先自恋着吧！

爱别人，本来就是一种能力。缺乏这种能力的人，就只好男生打光棍，女孩子变成了老小姐。

渐渐地，就变得只会爱自己。自己对自己好，自己欣赏自己做的事情。很投入地待在自己一个人的世界里，压根不去留意身边的人了，也就容易忽视掉本来可能成为另一半的异性了。

在每个城市里，一直单身的广大白领男女们，犯的就是这种心理毛病。

男生光问，总不能就这样单着身吧！

赵小姐就直接多了，"那怎么办呢！"

我说，比如记得在大众场所吃饭，别再那么认真地折腾那块布了，把家里那张麻将桌子丢出去，多去见朋友啊！尝试着再去爱别人，为别人付出。在付出的过程当中，自然会得到人生的回馈。因为你不是为别人爱，而是为了自己而爱。我相信这个道理，她迟早会懂的。

老友利姐最近遇到一件纠结事。这事起源于她的热心，她认识了一个女性朋友乔小姐，乔小姐本来是乔太太，但离婚了，一晃年近四十，一直在找人生的第二春，最好还是个有钱的第二春，但一直找不到。于是利姐就用她的人脉，帮乔小姐找了一家报纸的记者朋友帮忙。

帮忙这种事，当然是工作顺便兼顾人情比较两全其美。于是报纸的朋友写了报道，采访了乔小姐，整理了一番乔小姐十几二十年来的苦情史。然后，那报纸的朋友还找乔小姐要了照片跟通联方式。乔小姐当时很激动，毕竟头回上报纸，给了照片和联系方式。很快又琢磨一下，不对劲，自己的照片实在不上相，人也毕竟岁月磨练看着没有年轻女孩们鲜嫩动人，于是又要求报纸的朋友别登照片。可是，人家报纸也有报纸的规矩啊，不上照片，怎么知道你的人物跟经历是不是瞎掰虚构的呢？于是报纸的朋友毅然决然，还是默默地配发了乔小姐的照片。

乔小姐看见那篇倾诉报道的时候，勃然大怒。生活彩照已经不怎么适合见人了，在报纸的黑白版面一登，那叫一个瘆人。乔小姐一怒之下，转而发飙了，声称要告报纸的朋友侵权，她明明说了不登照片的，这让她还怎么找男

人，是个像样的人都吓跑了。报纸的记者朋友顿时吓坏了，又回过头来找介绍人利姐，抱怨哀诉你的朋友怎么这样啊，还说要告我，怎么办？

好心惹来麻烦事，利姐当然很纠结。于是她赶紧劝阻乔小姐，不要冲动，太伤朋友感情了。起初乔小姐不依不饶，硬逼着利姐让她报纸的朋友道歉云云。利姐也郁闷了，你急着要找男人我才这么帮你的啊？双方不欢而散。

就在不欢而散的第三天，事情悄悄起了变化。乔小姐忽然电话通知告利姐，电邮通知报纸记者，她不告了，下次有空请她们吃饭。因为，她原本不抱希望的，结果哗啦啦冒出几十个男人来联系乔小姐了，尤其让乔小姐惊喜的是，其中还有几个男人是千万富翁。他们觉得乔小姐这样有过去的女人，一定很感恩生活很珍爱婚姻。乔小姐大喜过望既往不咎，剩下利姐跟报社那记者劫后余生一身冷汗。事情总算圆满收场HAPPY ENDING了。

在计程车上听着利姐说这事的时候，我忍不住赞叹了一句，那些有钱男看了她不佳的照片还有兴趣，真难得啊！

好人做到底，总算可以事不关己高高挂起的利姐浑身轻松地说，反正啊，我们祝贺她送走黑夜迎来曙光，我以后再也不热心泛滥了。

看着利姐一脸的囧表情，我乐了。我琢磨这个事情，很有趣，仔细想想也挺符合概率学。先别管自己的菜色如何，中国之大，人数之多，只要你勇于出镜，总有喜欢你那道菜的人。这些人里，也肯定有你想要的符合你目标的优选。人跟人的口味选择，千差万别。你看，有钱人也不一定非要找年轻貌美的小姑娘不可。敢秀才是硬道理，亮相才是正经事。

所以说，茫茫人海何必哀叹寂寞找不到爱情跟对象，何必哀叹挑挑拣拣难以看对眼。关键是扩大观众群，敢秀敢出镜。多上上报纸杂志吧！完善自我美化自身很重要，努力提高自己获得幸福结识良人的机会，也很重要。

五月的一天上午，年轻的女孩玛丽兴致勃勃出发了。她穿着红色连身裙子和罗马缠带鞋，心情愉快地到昆明西山游玩。玛丽是来自美国的留学生，在北京的一所大学念书。

对于很多活泼独立的外国年轻人来说，一个人到处旅游出行，太平常不过了。玛丽也不例外，一个女孩子独自上山。玛丽走走看看，寻觅漂亮的风景画面打算留影拍照，也没有注意到身后一个人影，悄悄尾随。

当玛丽走到太华古道的太华寺，站在围墙旁时，一个男人突然冲了出来。

这个男人掏出一把刀子，抵着玛丽。看着明亮的刀刃，玛丽惊呆了。他将玛丽挟持着，带到旁边的树林中，随后，将玛丽身上的信用卡、驾照和手机、一部相机及596元现金都搜出来，洗劫一空。随后，这个男人看到玛丽的青春可爱，又起心了。在反抗侵犯中，玛丽左手食指被刀划伤。这个男人得逞后逃掉了。

玛丽没有犹豫，赶紧报案。七个小时后，昆明某制药厂装卸工人邢某就被抓获，对自己的抢劫强奸行为供认不讳。看到色狼被抓获，玛丽欣慰中，恢复了笑容。

她愉快地和办案民警合影留念，说尽管遭此惊吓，但这并没有改变她对中国对云南的美好印象，近期内还将携带家人一起再到云南呢。接下来，玛丽决定按计划继续到大理、丽江等地游玩，完成她的云南之旅。玛丽的故事被报道后，迅速被人转到新浪微博，题为《被奸后无改玩心》，顿时引发各种评论。我摘录一些典型的，如下。

"超级玛丽。"

"淡定姐。"

这种纯粹看客心态，与他无关痛痒的事，所以乐得八卦。

"看了照片，我同情装卸工，他毕竟是个正常男人。如果当时环境完全适合强奸，一个正常男人面对此玛丽，真的很难说哦 。"

"晕，我就不可能强奸，难道我不是正常男人？"

"也许装卸工以为老外都是比较open的嘛，没想到玛丽完事后这么不配合。"

这几种最荒谬。同情装卸工？同情个屁，看见漂亮女人环境合适就强奸？这是禽兽本能，是个雄的都行。跟人不搭界。有人自觉降低人格退化为兽，人都不够格了，还扯什么正常不正常。一个谬论男的猥亵论点，还让另外一个正常男心虚，真滑稽。要我说，其实猥亵论持有者深度自卑，不相信自己可以按正常程序追求到美女。

也有人说："家家都有女人，还是积点口德吧……"

这种有良知，但是认知还是偏差。发达国家心理学家和社会干预等等，是这样引导被侵犯者的：你只是与不乐意的人有过一场不愉快的性行为，淡化受害者创伤心理。

　　这不单单是玛丽心理素质好，而是，玛丽没觉得自己是一件物品，被侵犯了就丧失价值。她不过是意外遭遇了一件不爽的事，过了就过了。侵犯者有罪，她仍然是一个健全可爱的人，可以好好享受生活。不少人却一股子她居然没伤心欲绝没自杀没悲愤没众叛亲离的惊叹。可见，看上去现代骨子里封建的大有人在，意识深处认定女性是私有物，被侵犯了就不洁就贬损。

　　你惊叹了吗？

最近新浪微博的一级八卦是国内某著名投资人私奔了。这位几十亿身家的成功人士，高调发布消息，弄得天下皆知，马上带动起各路人士充满娱乐精神的"歪风邪气"。有的申请私奔，欢迎报名。有的热情呼应，询问可否借鉴当下热门的团购模式，发动团奔，大有人生短短几个秋，不奔不罢休的架势。种种神奇之中，最精辟的一句是，目睹这样的当红事件，感叹"我又开始相信爱情了"。

问题是这算私奔么？公然告知，要我说，这应该叫公奔。关于公奔想起一个往事。母校的一个女生跟一个男老师恋爱了。这种不被祝福的恋爱，十年前说起来当然是一片口诛舌伐，女生是漂亮的那种，所以尤其是男生们得知之后，相当不满。

而且男老师已婚，他还悍然离婚，跟女学生私奔了，是多么的不负责。他还耽搁了女生的前途。不少人为那女生不值，因为那女生漂亮之外，成绩也好啊，不说名校随便考，至少上个大学没问题的。

十年后呢！跟老同学说起来，看法变了。哎，这女生，那男老师，该需要多大勇气，才敢勇于私奔。真爱无敌啊。因为他们俩奔了一路，男老师没了工作还得再找，女学生没了未来，也要找工作。中学生没学历啊。靠自己养活自己显然不行的。没有人看好他们，但结果，他们还真的存活下去了。结婚了，并且找到了饭碗，换个地方重新开始生活。

可是呢，他们也没有奔到最后，一个才二十来岁，师范大学一毕业就来教我们了，一个才十七岁多。准确来说，都还是热血小青年。

根据老同学聚会得到的可靠八卦，那两年，他们的生活处于比较底层，当年的舍弃事业学业，一心谋取爱情，还是要付出成本和代价的。所以虽然也结婚了，可是女生会想，我要是念了大学呢，会不会找到更好的男生？更帅的？更有条件的？过上更好的日子？

男老师呢？背负着骂名，之后发现，自己的行为也不一定就换来一生一世的真心呀！当然也会沮丧和心灰意冷。好吧。于是他们离婚了。女孩又嫁了比较富有的人，男方呢，自考研究生后重新找了所职校教书去了，时过境迁，没人计较过去的陈年往事了。至于感情上有没有再吃回头草，去找当年舍弃的太太，大家就不知道了。

所以最有勇气私奔的，是青年男女，因为一无所有，大不了重新开始。可是也因为太年轻了，所以还有足够的人生来反悔，中间毁约。对此我只想套用一下淘宝体，亲，私奔很辛苦啊！不包邮的。清醒点吧。

最有条件私奔的，其实是中年大叔阿姨们，而不是小青年们。他们是该有的风险都有足够的阅历预料，很清楚私奔不包邮的。他们的人生取舍，但求服从自己的内心，反倒激发一片共鸣。所谓舍弃种种，其实还是不愁吃喝生计的，金钱积累人脉经验不会因为感情纠纷而消失，净身出户了也有地方找饭吃，孩子也大了，责任也尽了多年。

至于爱情，永远不是相信不相信的问题，是看您放到第一位还是次要的位置。按心理学上一个妙论，小时候缺啥，以后就特渴望啥。为私奔而激动的，肯定是当年太缺那份不顾一切的狂热恋爱了，拖到一把年纪了，还是在劫难逃呀。

私奔、公奔、团奔，想怎么奔，悉听尊便，后果自负。

如果目睹丈夫出轨，并捉奸在床，你咋办？

最近火热之火热的家庭新闻，是画家妻子赵庭景美下班回家发现丈夫陈青蓝和"小三"许宇萱睡在一起，愤怒之下用微博直播了"捉奸门"的全过程。"正室"直播"捉奸"，并与丈夫微博对攻，引起网友的极大关注。因为主角三人都是微博中人，这事也被网友列为微博标志性事件。有媒体甚至总结了一下，这是一场集婚姻、爱情、伦理、道德、金钱，甚至还能将腐败牵涉其中的网络捉奸大戏。

这一极狗血剧情的事件，我的第一感受是厌烦，第二感受还是厌烦，但是，烦了之后，我忍不住发笑。除了这三位当事人，其他人都是观众。那么，作为一个旁观者我就说说旁观的感受吧。

这件事情发生在生活里，沸腾在微博上。浏览事情的全程，会发现，世界最糟糕的处理方式他们用全了。导火索当然是出轨偷情，首先是女方单方面曝露隐私，翻旧账，控诉对方吃软饭，接着是男方反击，指责对方诬陷、泼脏水，坦诚小三是神赐给自己的礼物，跟妻子早就闹离婚了，接着他们开始实打实打架，最后？？我想最后也就无非是撕破脸，疯狂憎恨对方。

真像，真像小时候隔壁邻居那些小朋友们闹翻了的搞法。简直一模一样。指责对方、到处控诉争取舆论、倒打一耙……

狗血剧情的一切根源难道不正是因为，他们只会这样"狗血"地处理婚姻问题的方式么？并且这些发生的糟糕之事，因为糟糕的处理方式，变成人生中的大脓包，日后一碰就恶臭流血。

人生如何才能够不狗血呢？

答案是，像个真正的成年人去解决问题。选择文明、冷静和理性。如果确实感情破裂了，不要抱着鱼死网破的精神去拼命，请和平分手。

如果要说得自私点，我们真的不是为了对方才这样选择，是为了自己。

为了自己从纠结糟糕的关系里解脱出来，为了自己可以结束不愉快甚至痛苦的关系，以便走向下一段美好的关系。如果有必须分割清楚算个明白的经济账，找律师，找证据，交给法庭。人类为什么有爱情了还要有婚姻制度？因为爱情会变化，牵扯关系中的各种利益问题，婚姻制度就是契约，立法以保障其他权益。

缔约可以，解约也可以，但过错方要付经济代价。

可别说这只是"当局者迷旁观者清"，因为这个世界上的确有正面例子。有狗血的，也有非狗血的。我们但凡想要得到幸福，洗脱痛苦，就得择其善而学之。

且不说现代人，一千年的古人都有不狗血的佳作，看看唐朝这份中国最早的离婚协议书：

"凡为夫妇之因，前世三生结缘，始配今生之夫妇。若结缘不合，比是怨家，故来相对……即以二心不同，难归一意，快会及诸亲，各还本道。愿妻娘子相离之后，重梳婵鬓，美妇娥眉，巧逞窈窕之姿。选聘高官之主。解怨释结，更莫相憎。一别两宽，各生欢喜。"

翻译大意为：如果我们结合在一起是错误，不如文明分手，大家解脱。希望你以后找到好的，别相互怨恨，各有各的欢喜幸福。

所以啊，对于所有的旁观者来说，如果不从中领会到反面的认识，将来当自身遇到问题，也只是再重复一幕人生的狗血剧。那时候，自己的遭遇就变成别人兴奋追看的"精彩表演"了。观众八卦得越痛快，当事人纠缠得越痛苦。珍爱生命，不演狗血剧。⚡

猫 与 狗

　　他和她相爱差不多有三年了,这三年相处得很好,谁也没说过什么。一天,他下班回家,等了许久才见她回来。似乎因为饿了半天肚皮,偶然生出了情绪。抱着膝盖,沉进沙发里,忍不住对她抱怨:才看见一个比喻。发现真是符合你。

　　她笑着说对不起啦,马上就去做饭。然后问,发现什么比喻适合啊,不会是坏话吧!

　　他犹豫一下,还是说出口:守着你啊,可真像是守着一只桀骜的猫。冷了来偎依我;饿了来叫我;痒了来摩我;厌了便偷偷地走掉。多希望像守一只狗。不是我守你,是你守我。

　　说完他就后悔了。他看见她的表情难看起来。她先是愕然,然后火气开始涌上。这是什么话?仔细想,中间有几分夸张,却又多半落到了实际情况上。她赌气摔了一只黄色抱枕,摔到他的头上,砸出一声被惊吓的"哎哟"。

　　最后她摔了门,并且摔下一句话:你的猫,现在走掉了,你看清楚不是偷偷地。出门了,冷风一吹,才想起何必呢?不过是几句含蓄的比喻,有那么点讽刺。可就这么立刻回去?面子挂不住了。踩着熟悉的路,坐到熟悉的茶餐

厅。想起当初承诺，她越发叹息：当初那么的温柔相爱。才三年，感情怎么就变成了他的包袱，这样牢骚。有泪意辗转。终究还是没流出。

壁上的钟点走到十一点，一个念头习惯性地冒出来：快十二点了，怎么还不寻来接我回去。稍后，回味起来，哑然失笑。还是忍不住数起来：三分钟、十分钟、十五分钟……外面已下起雨，三十分钟内，他分明手打一把伞，腋下一把伞，朝着她走过来。

一路上她沉默无语，临近进门口，她忽然转过头，带着笑意问：其实那个比喻说得非常对。

有没有想过，其实我守着你就像守一只狗，所以才会爱上你，兜兜转转仍然不离开你。你守我像守一只猫，你才会爱上我，跌跌撞撞一直到现在。他也笑了。雨水在他的额头闪着光，那一刻显得温柔而忍耐。

她的意思他已然明白，只有像一只狗的他，才会守着一只像猫的她。其实各自满足了各自的脾性。其实各自也不是不知道，了解那些半年绰绰有余。在了解后，仍然延续到现在。

也许是因为爱一个人，最先爱上的是她的好，最后爱上的却是她的"坏"。于是，爱，也便有了意义，也有了理由延续了下来。

当你心灰意冷自暴自弃破罐子破摔的时候，想一想芙蓉姐姐现在的样子吧！如果你觉得在脑袋里想还不够给力，那就把那张图片打印出来挂在墙头，早中晚每天看三遍。

是的，芙蓉姐姐再度赢得了大家的关注，这一次却颠倒了众生，跌掉了大家的眼镜。那个夸张扭动"S"型来刺激你胃口污染你眼睛的芙蓉姐姐，不见了。现在的芙蓉姐姐，朝气质美女进化了。有网友惊呼，说从前的芙蓉姐姐是一部杰出的搞笑片，那么现在的芙蓉姐姐就是一部优秀的女性励志片。好多以前对姐姐不屑一顾的人，现在纷纷改换门庭，赞不绝口。更有女性网友在微博哀叹：芙蓉姐姐都瘦了，我还好意思不减肥？

是什么让芙蓉姐姐脱胎换骨？

不排除外界人士，比如她的经纪人操盘手的大力协助，但归根结底还是她自己嘛。单单是瘦下来这件事，就只能靠自己。

我有个朋友，人有才华，就是眉毛淡得像没有，很少出门见人，见人也从来不化妆，头发弄成蓬头自己还觉得不错。她总是在抱怨没有男朋友，但自从她跟朋友们见面频繁后，吸取朋友们的教训，开始画眉了，头发夹直了，来

了点淡妆，勤奋洗澡保持洁净芬芳，顿时变成一个秀丽白领姑娘。后来她考取了公务员，去了一家检察院工作，据说她的新同事常常称赞她美女。让她乐开花，桃花运也天翻地覆。

世界上特别多的人喜欢引用夏洛蒂勃朗特的《简爱》里女主角说的："你以为，就因为我贫穷，低微，不美，矮小，我就既没有灵魂，也没有心吗？你想错了！我跟你一样有灵魂——也完全一样有一颗心！"

不过呢，原著这句话里却还有一句话，总是被人有意无意忽略掉，这句话就是："要是上帝赐予我一点美貌和财富，我就会让你感到难以离开我就像现在我难以离开你一样。"

各位看看，心灵、美貌、财富，并不是敌对关系。它们都是增加爱情魅力的重要元素。

只要有条件，简爱同学也是要成为美貌兼顾富有，再兼顾心灵的情商女王的。

得过许多次金曲奖歌后和制作人的音乐才女蔡健雅，写过一首歌叫《达尔文》，里面有句歌词就很贴切，"读进化论我赞成达尔文，有过竞争有过牺牲，被爱筛选过程，学会认真学会忠诚，适者才能生存，懂得永恒，得要我们，进化成更好的人。"

有心灵了就停止修行和努力吗？这是片面的。

减肥？好辛苦。但辛苦令你更美丽。美容？只有无聊空虚的女人才追求浮华。错，大错特错。美是个人对自我嘉许和认同的追求。

事业？好辛苦，但事业令你加倍得到价值感，让你享受到个人努力的成就快乐。

家庭？家庭太重要了。但家庭不是你人生的唯一。当孩子独立了，爱人麻木了，自己也懒怠了，靠什么使生活重新焕发光彩和乐趣？

靠进化。

进化成更好的人，得到更长久的爱。

事实上，当一个人的心灵成长了，也一定会更加注意自己的外在，让外在与自己的内心协调。又不一定要变成张曼玉林青霞，只要跟自己比，一天比一天美一点，就是最了不起的人生。

照这个势头看，芙蓉姐姐迟早会修炼成风靡万千的美女。你呢？芙蓉姐姐都变美了，你还好意思荒废自己？

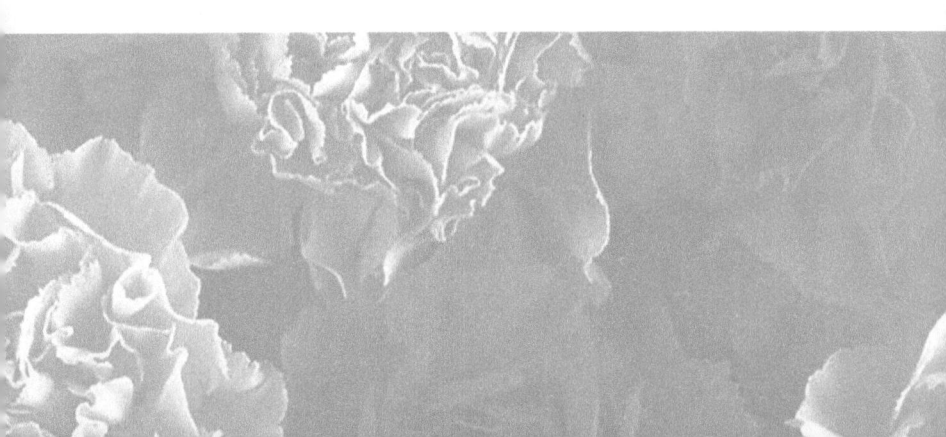

某年某月的某一天，接到朋友的电话，要她去参加某个户外活动兼顾饭局。她当然乐意去。单身人士闷在家里，够发霉了。于是兴高采烈去爬山兴高采烈吃农家饭，兴高采烈拉帮结派的驴友活动，吃着吃着，桌面上的气氛开始变得融洽。越来越融洽，就像泡温泉那么销魂松散筋骨的时候，隔壁的好心大姐冲着她挤眉溜眼，某某，你觉得对面的谁怎么样啊？

啊，"大姐"是个专用名词，意味着解决了个人问题的先进分子赤胆忠心一片热诚火一般工作态度在扶贫了。是的，单身青年都是婚姻贫困户都是第三世界国家，等待着联合国难民署发放救济款。

她，于是乎，就这样被相亲了。

可是，人生到底是个什么东西呢？是工作计划？星期一毕业星期二结婚星期三生孩子星期四更年期星期五进加护病房星期六发病危通知书星期天讣告吗？人生是方便面生产线，粉面听话得进了加工流水线，然后大批大批奔向包装袋经过销售环节抵达我们的胃袋回归洗手间？

不，她只觉得，自己不是个单身偏执狂，当然渴望恋爱，渴望伴侣啊。如果有一个人愿意和你并列而行，一直走下去，彼此接纳了真切的对方，慢慢

地过下去，不是不好。人生只是不应该被当成一件物品，过了保质期就是垃圾了要被丢弃了，不能够风光大婚就是埋没就是孤苦了，还没有及时男婚女嫁就是和败犬同道。相亲和约会的核心矛盾就是，前者是被安排的，后者是自愿的。被相亲则是尤为受到歧视的群落，仿佛打折甩卖都没有人要只好跳楼大减价干脆当赠品。

那么，哭笑不得的我，只会笑着感谢，坚定地拒绝。话说回来，最高明的相亲大会，根本就是超级大约会，安排大家一起玩，有兴趣的朋友们，自然会私下再发展的。自由自在。这样说来，被相亲其实也有高下之分。

唉，她当然记得那个她没有动心的男生，心慌意乱地看着她，而她除了尴尬还是尴尬的尴尬一刻。

所以，还是在风和日丽的大好春天，随随便便送她一张城市里的世纪青年大派对的邀请券吧！让她在花红柳绿姹紫嫣红的人群里，润物细无声地被相亲，而不是一个桌子上面对面大眼瞪小眼，大理石光溜溜的地板找不到台阶下，只好相当飞快地沙扬娜拉。

忍耐住相见，保持克制地怀念，是一种属于自己的炼金术。怀念是提纯，从过往的岁月众多印象声容当中，擅自截取最乐意享有的段落。有时候，为了尽量符合个人的所需，不自觉地加工修饰，在所难免。就像是一帧自己的照片，使用修图工具调整滤色、曝光量、色相和明亮度，尽善尽美到令自己感动陶醉。那是一种深深的沉湎，美好如斯，不可惊扰。

沿着林荫道路缓慢而带着微笑，骑着脚踏车朝你滑行而来的男生，大雪的圣诞夜，等候在一家店门口的女生，搓着小手，呵吐着白色雾气，微微冻红的鼻子，可爱的面容。年少遇见的铭记，日后就成为你心之相册里，一张高级艺术剪影。

怀念对象的美感恒久不散。再往后，可能笑容模糊背影淡化，但是，那种初次被爱神眷顾的心动，却不会消弭。在你因为一草一木，一条围巾一封旧情书，一个舍不得丢的手机挂链，一张过时的大头贴合影而展开怀念时，会带给你犹如喝到世界上最好香槟一般的悠长忧伤与甜蜜。

时光不断前行，你将素材，通过怀念锻造成私有的黄金。

相见则刺激你的占有欲，使你欲望重新燃烧，渴求再度被唤醒，但命运与时光改变了现实的条件，生活，物质，求学的环境，还有前途未卜的不安定，将剧烈地折磨你。啊，那个你没有完全拥有的人，我是否又有机会获得他/她？相见不只是不如怀念，相见更是人生彻底的破败。因为年少的状态不可久持，青春实在美好，最好的年纪犹如好牌在手，不得不出尽。往后，就是肉身灵魂共同的衰老。

比起容颜的摧残，灵魂的粗糙和庸俗，更是滔滔逝水，一发不可收拾。

十六岁一个吻就会脸红心跳的少年，后来可以酒吧里调情带女人回家，早上起来忘光昨晚说过什么。十四岁暗恋某个学长，眼眸纯粹神圣如北极光，有过几场恋爱，伤过几回心，分过几次手，而后换男人如家常便饭。化妆术日益高明，眼霜推迟皱纹，神仙水掩盖疲惫，唇膏隐瞒憔悴，粉底虚构光洁，恋人，算了吧，要么宝马华服，否则保持距离。

灵魂变了，外在也变了，还要相见吗？再相见，所继续的故事，还是曾经的主角吗？不是。留在记忆的年少主角，被残忍地打烂，碎一地凌乱。

怀念维持最初的瓷器或金属一般的品质和境界。相见打碎瓷器，重新锻造出一些四不像的，成熟游戏的玻璃制品。而安于现状的我们，丧失了精力和时间，没有了付出代价的资本。时间太不够用，恋慕需要耐心和全身心投入。

相见是回到现实，亦是面对真实。怀念是审美，亦是保留梦想。爱情或世间万物万事，不外如此。世界那么沉重现实，我们难道没有受够？ 多年以后，不如怀念。

郑少秋一生最杰出的表演形象是楚留香。楚留香几乎是普天之下所有男人的最高理想。英俊、风流、武术非凡，还是个大盗，阅览人间财富，上结公侯下交游乞。有事探险旅行以及侦破大案件，没事和哥们喝酒作乐游荡，不管有事没事都有红红翠翠甜甜等等不同类型的大美女环绕身边。唯一的一点点缺陷是他有鼻炎。

他的一生犹如他的名字，到处留香，让人陶醉。春风一聚，人不见了。这号男人信仰的是"留香不留人"。不管是自己的人，还是自己的种，一概不留。这是真正的"洒脱"啊。

人都需要一个理想的人格来认同。郑少秋也不例外。他的杰出外表和朗朗气度号称多少年来，只演风流大侠客，备受后辈仰慕。就连他开演唱会，也是古装打扮，昭示着他与楚留香有着某种精神上的融合。人红、人帅、人缘好，也多金。这样好条件的郑少秋，果然就楚留香了一把。

这段娱乐往事概括起来很简单。不漂亮的女人肥姐殿霞和一代风流样貌大帅哥郑少秋结婚了，他们也恩爱了不少年，但就在老婆怀孕并且因为体重生产危险的时候，郑少秋出轨了。郑少秋找了一个漂亮女人官晶华，提出离婚。

当他的前妻病了，得了癌症。后妻一辈子和前妻嫌恶仇恨。郑少秋才知道什么叫猪八戒照镜子。

不怎么去看前妻——"太没人情味儿，一夜夫妻百日恩，未免太不近情理了。" 常常去看望前妻——"有哪个愿意自己的老公经常去看前妻啊？谁受得了。"

显然古龙和天下的男人都只顾幻想去了。

没有好好考虑楚留香的下半生问题。楚留香也要老吧，也得有个归宿吧。不可能一把年纪还携带着一干半老美妇奔波江湖。总是要结婚的，结婚了感情不好，又难免离婚。离婚了找了新的女人，过去的感情牵挂，又难以一刀两断。你想撇干净，世人却爱八卦，不想错过这藕断丝连前后夹击的情感剧场。众目睽睽人言可畏。

每个男人在心里都渴望风流。 每个在心里渴望风流的男人，多少都会错觉自己是楚留香。所以他们也多少和郑少秋一样，一个女人纠缠不清，再加个女人。甚至再再加几个女人。 上半生快活，下半生遭殃。 古龙死了儿子们情妇们争夺遗产几十年，大闹公堂无数次。 郑少秋不管怎么做，里外都不是人。自认楚留香很容易，但跟女人周旋一生，很不容易。古龙只写楚留香游荡江湖兼顾谈恋爱不亦乐乎的上半生，没写他人到中年之后的家庭问题。一半因为他死得早，一半我看是因为，即使他活得够长，他也想不出一个两全之法，写不出一个男人与多个女人和谐相处的长久之道。爱情是独占的、非此即彼的，婚姻是要讲道义的、谈责任的。楚留香摆不平感情问题，干脆不摆了。古龙死了，他的故事也截至在作者死的那一年。

在那个夏天我们的这个城市完全是酷热煎熬。我的某宅男朋友，据他说，上班下班都完全依赖打的，上网的时候，完成了工作就聊天，不然加倍闷热。办公室空调也因为年久失修而荒废，后来修理好了，又是一副半死不活的制冷效果。在聊天的群里，他很巧合地认识了微微！起先聊天很开心，然后呢，因为隔得太远了——之间的距离是一个火炉和另外一个火炉（长沙？重庆？还是南京？较真的读者您就使劲猜吧），坐飞机都得大半天时间（长沙不需飞机），所以，没多久他们各自就冷淡了。

结果，一个月后，微微出现了，她还是个大学生，来我们这个火炉城市实习。这下要命了，热情如火火如热情，一段刹那照耀世界的恋爱发生了。

又一个月，微微返回自己的城市，继续大四的学业。微微和那位朋友还来不及探讨未来，就开始出现裂痕，然后是那位朋友的苦苦哀求挽回。挽回不了，那个煎熬啊，比气候更加恶劣。

发生了这样的一段夏日之恋，朋友变成了憔悴朋友，我的耳朵，也变成了半个垃圾桶，半个心理咨询室。

我说，既然形同流星，何必介怀？流星这种事物，就是用来怀念的，不是用来长久环绕的。

你看，在我们的宇宙当中，星系是这样建立的。

一颗巨大的恒星，一批围绕恒星的行星。 以及大卫星小卫星，以及循环来回的彗星。 只有流星最可恨。流星是一种强硬的姿态，来了以后，就要成为灰烬。流星的终局是结束自己的旅程，所以势必不会给予任何人结果。也许它曾经给过人，也给过自己错觉，以为会建立长久的星系关系，彼此充满万有引力，牵扯着，环绕着，稳固地生活下去。

真相往往很快就残忍地呈现。热恋，然后飞快地分手。这是流星的宿命，也是流星类恋情的必然法则。

就因为，相对应整个人生漫长的灰暗和平淡，流星的璀璨起着照亮长空的功效，所以我们往往在那一段时间，鬼迷心窍，比莎士比亚描写的那些情痴还情痴。不过呢，没有人能够忍受年年月月有流星。

一生有几颗流星，出现在生命中，那是一种对比，映衬。该满足了。留作回忆，比一起奔跑向毁灭，更加好。

哦，读者肯定要说了，你讲的这种故事，恐怕，完全可以理解为艳遇，或者是露水情缘。我说，没错啊，那又怎么样？《廊桥遗梦》不也是流星情缘？感动全世界呢！谁不知道，得不到的才是最好的？ 其实怎么理解都可以。

对于人来说，只需要明白一点，当时我们往往犯糊涂，过后，那可看得很清楚。爱情固然厉害，冲昏人的头脑，但时间比爱情更加厉害，时间开始爱情，考验爱情，以及结束爱情或延续爱情。

流星类恋情，抗拒不了时间的考验，很快就会露出马脚。

聪明的人，应该学会善待自己可能发生的，或者已经发生的流星之恋。

那是你的一笔记忆财产。人生需要恒星与行星的稳定长久关系，也需要曾经经历过流星类情缘。最好是流星类情缘，发生在恒星行星关系之前。这样子就没什么遗憾了，婚后就不会找刺激找出轨了，经历过了，也就不稀罕了，往后，老老实实保全自己的家庭等着庆祝银婚金婚。

千万不要明知对方已经结束，还苦苦纠缠，搞得惊天动地人仰马翻。那就变成了苦情戏码，留给肥皂剧去演吧！我们是要过日子的凡人，不擅长，也没必要擅长。⚡

这篇专门与大家探讨失恋三段论，往下看吧。

第一段：

一个资深记者在电视说你看张曼玉为什么演技那么好因为她交过十几个男朋友。张曼玉还在谈恋爱，梁朝伟和刘嘉玲结婚了。从前没修炼成正果的统统算失恋。一个从来没有谈过恋爱的小毛孩在半夜里听我电话哀悼失爱喋喋不休痛苦不止，后来我恢复过来了小毛孩开始嚷嚷着和男友分手。在逛完了街后的冷雨夜，在摇晃的小巴士上我说分吧分吧，分了总会再谈的。失恋了总会再爱的。

我说，只要一点点酒，只要一首情歌，不管老的还是新的。只要一件天网恢恢终归疏漏的旧物品，只要走一条熟悉的马路，只要想起一个名字一双臂弯一个亲吻……说得再简单一点。只要一点可以触的景，就生情。我在说的时候，海面的波光一直激潋，扩散无尽，这深海是我的脑海。我说的时候已经是我二十七岁即将到来的时候。第一次失恋是十五岁第二次失恋是十九岁第三次失恋是二十五岁第四次第五次我真不知道是在多少岁。苏打绿的唱词说千秋万岁，寂寞云烟。

第一次我以为世界坍塌宇宙剧终。

第二次我以为第一次是因为年少无知所以太当回事,但现在我懂事情动相当严重。

第三次呢?

你看,失恋并不是一件严重到无可救药的事情。失的多了你会觉得总有开始总有结束也总有下一次。

第二段:

我总想起那个瞳孔猫眼一样的同事女生,她坐在小商铺门口的板凳上说男朋友的前女朋友纠缠不休她夹在中间精疲力竭,她说她要失恋了她心灰意冷她常年纠缠她求之不得弃之可惜,她大颗大颗眼泪啪嗒啪嗒,我真不知道安慰她什么好。可是没有多久也不过是一年半年,她最后取得胜利嫁给了左右摇摆的男朋友最近消息说结婚不久就生了个儿子。在她奉一道圣旨光明正大打败了对手的时候,注定了有一个其他的女生失恋。你的开始还可能是别人的结束,别人的开始也可能是你的结束。就这样,这一段爱恋得到句号。好想跟她说,你知不知道做你的听众很无奈。白费一把同情心。失恋实在是了无新意。只要你没有跳楼自杀游戏OVER说拜拜我不玩了。接着玩下去,翻牌到变局。我们扛上了。

第三段:

爱是一件伤神的事。如果不伤神我们都会寂寞到死。从新鲜到厌倦从狂躁到冷漠从哭个没完到笑个不停从甜蜜如蜂蜜到痛苦如枯木。失恋开始变得了无新意。遇见的人,一段一段的不如意,都不过是在敲碎你的年少发梦。要你知晓爱不是这样的,也不是那样的,爱来了什么都是,爱没了又什么

都不是。

爱是一首歌，结束了再唱起来。爱是一张嘴，吻完了说再见，爱是一杯小红酒，醉了还会清醒得让人发狂。爱是一条斑马线，走过去，路还是路。什么人都有。什么爱都有。

你要哭就哭吧，我插播一个笑话给你听，有个朋友是写字的，来问我自己算是几线的，我说你是TVB的。他怒，你才是TVB的，你全家都是TVB的。哎呀，别生气嘛！大家都是TVB的。现在TVB都减薪裁员，能留下来都是狗屎运了。

笑话讲完了，你笑了没？又哭又笑也好呀！

去年年底听了好几天刘美君的《浮花》，觉得很好听，听着胸口一阵一阵痛。百度刘小姐说她生于香港早年成名后来结婚退隐圈子，现如今失婚了又出山，失婚不说，还是第二次。失婚岂不比失恋更可怜？失恋算什么。刘小姐转头马上工作接戏。三天后，她拿了金马奖最佳女主角。新晋影后在颁奖典礼上又哭又笑。

又哭又笑的人生，是完整的人生。四十四岁的老女生刘小姐的原话照抄过来——"虽然我倒霉过两次，但还不怕死，男友年纪比我小也不介意。"因为正有男生在追她。

什么样的失恋都会发生。既然发生，总会结束。唯有真理颠扑不破，颠扑不破的都是真理。

全世界失恋的女生，概莫例外。

你要是接着玩下去，去去来来，总有人陪你走到失恋的尽头，然后睁开两眼看命运光临。 这是我们完整的人生。

你负责努力赚钱，我负责美丽妖艳

一个小鸟依人的女人，往往是世界上最可怕的。谁让男人是逻辑动物，而女人偏偏与逻辑无关。"你的是我的，我的，不好意思还是我的。"等价交换？那是经济学的事情，与男女之间的事情没关系。现在好了，你负责努力赚钱，我的是你的，你的也是你的。这个家，只要你还在养就行。

"以后每月的工资，过年的奖金等等所有的收入全部上交老公，明白不？"既然你女强人，既然你喜欢抛头露面，亲爱的，那么你负责努力赚钱。是的，亲爱的。还不给我这个月的工资？这，都已经是陈年的芝麻烂谷子了。某一年台湾一张著名的日报上的大字标题令男人们胸闷。"付钱给我吧，妻子？"出台了全世界首个家务类法案：全台湾省以后在家做家务的人都将会领到工资，并且不论男女。嘿，以后男人做家务再不是偶尔讨好女人的把戏了，而是受到法律保护的一项权利。

但是，你不要被表面现象迷惑。男女问题，往往要用犀利的眼光透过现象看本质。"你负责努力赚钱"，背后是男人的嘿嘿偷笑：

第一，从此我做家务你工作。权当休息。大可趁机会充电学习。解放自己就是赢得未来发展的最好机会。没必要贪图虚荣苦了全家。

第二，我的劳动一样需要尊重，从此别再玩文字游戏，什么你的我的还是你的。现在，我需要你支付水电、伙食、教育孩子……一系列的费用。

第三，这也是最重要的，你从此掌握了财权。无数的历史证明，负责努力赚钱的那一位，往往没有经济掌握权力。一直以来，往往是那个在家里自己叫自己小女人的人，一手把握经济大权。别忘记了你曾经学过的政治经济学名言：经济基础决定上层建筑。是的，表面上你是失去了一家之主的面子地位，但是，事实上，你以退为进，你赢得了真正的家庭大权。

男人，你是要做外表风光的傀儡皇帝，还是真正掌握实权的垂帘听政？男人回家不是罪，再强的人也有权利回家，让这潮流流行起来吧。

在台湾省的那个报道之后，还有这样的数据，"十万左右的家庭主夫，在由女人免费使用。这些家庭主夫背景不太复杂，失业，自己在家带孩子。"另一部分是一些成功型的妇女，"娶"了一个自己心仪的男人后，竟然要其在家待着，照顾孩子与别墅。电视台采访一位"家庭主夫"时，那位系着围裙的三十多岁男人，居然认为自己每天带孩子与打理家居，非常辛苦，却一点收入也没有，很不公平。

"他认为做一个家庭主夫也是一份工作。这个法例出台，保障了他的权益，而且他认为家务也是一种劳动，至少是一种道德劳动，自然要付钱。只是标准多少，却一下子难住了法律，因为付多少钱，就要看这位妻子认为自己先生的服务水准了。"

我要说他们都是没有深刻体会"你负责赚钱"的含义。消极被动多于积极主动。只要你愿意，有什么不可以。法律精英一个一个向大众说，法律没禁止，你心甘情愿，事实上，与道德也没什么关系。女人，你出去吧！相信你的男人，在你打拼回家后，他会微笑着做好晚餐，用一个拥抱迎接你的。这样的格调，也很幸福。

　　你需要做的，只是闭着眼睛，在他温柔的按摩里，交出你的钱包。这个时候的男人，肯定是笑到温柔得可以杀人。谁负谁胜天知道。⚡

比如一对热恋的男女，当初爱得死去活来，幸福甜蜜如咀嚼甘蔗，如口含蜂蜜，然后他们结婚了。再然后许多年过去了。每天对着同一个人，烦啊闷啊无趣啊，也没了青春貌美。

这时呢，男的要离婚，女的不愿意。就这么拉扯僵持，女人哀求无效，就使出一招，这一招并不陌生，也不新鲜，就是要求男人每天在睡觉前抱女人五分钟，做满一个月。不然就别想离婚。

这是一个魔术一样的仪式。结果，他们当然没离成。

只要男人答应女人的要求，那么，他们就只好继续在一起了。因为女人通过这个要求提示男人，还记得吗？你曾经是那个初初得到了我，新婚喜悦，幸福无比的新郎吗？这就是身份的追索，藏在日常生活中的心理学奥秘。女人在发出邀请，请男人回到最初的身份。回到那个对女人无比热爱，充满呵护关照的新婚时代。那个时候，你天天睡觉前抱着我。那时对应的是一切才刚刚开始，美好如初，发誓疼爱女人一生的年轻男子，他是新郎。

现在对应的是"审美疲劳、贪求新鲜，欲望蠢蠢欲动"的男人，直奔中年。他是久婚丈夫。

新郎和久婚丈夫，一个男人身上的两个对立形象。他们隔着岁月，相互厌恶。被女人施展魔法召唤的男人，只有回到当初的状态。想起昔日恩情，怎忍挥刀斩断？何况此刻还多个孩子牵挂。但是呢，这解决不了根本问题。男人依然会旧病复发，蠢蠢欲动。男人的生物本能在鼓舞他，因此女人一生要做的功课就是泼一盆冷水，不断重复施展这样的魔法召唤，唤醒被男人刻意遗忘的旧身份记忆。一个不小心懈怠了，自家男人就变成别的女人的了。

你可以发现，所有维持得比较好的家庭，就是在不断重复新婚时的承诺与情景。像当年一样，女人温柔伺候，男人按时回家。

尽管，这"犹如新婚"是短暂幻觉。不然，何必前缀词加个"犹如"。

男人永远无法完全恢复到当年的新婚状态。就像女人的青春失去了，永不再来，只有在无穷的化妆无尽地买衣服无数次要听"我爱你"当中，找回青春与恋爱的幻觉。

不管是接吻做爱旅行拥抱叙旧送玫瑰赠首饰美容健身每天一句"我爱你"，只要能够让我们"犹如新婚"。那么，就可以把这苍白时光，漫长光阴的相对无聊的生活煎熬过去。

拉锯战能拉上一生，也是功德圆满，这就叫一生之战。

微博控的救赎

去看电影,买好了票还有半个小时开场,百无聊赖怎么办?拿出手机刷刷刷。当我在电影院大厅里走来走去一边刷微博一边打哈欠的时候,突然听见轰然一声,那一刻天旋地转,倒在旁边的沙发上。我光顾着玩手机,一头撞到电影院的柱子上了。这一撞非同小可,脑门立刻肿了一个包,痛彻心扉,差一点在现场潸然泪下。

回家之后养了几天伤,我在微博上咬牙切齿赌咒发誓,我怎么就变成如此悲剧的微博控了呢!再玩手机再刷微博我就是猪。发完这条没多久,浑身烦躁坐立不安,一边煮面宵夜,一边按开手机,哎呀,一不小心又发了一条,好吧,我是猪,再发我就是小狗。毅然决然去麦当劳买个菠菜鸡肉卷吃一吃,用食物抵抗来自微博的勾引。结果没撑过三个小时,我就小狗了。

亏我自诩半个心理专家,深刻洞悉"刷微博"之狐媚迷惑,就在于未知信息永远在吊胃口,对好奇心的刺激最大化。知己知彼,还是没法打败心魔。再这样下去,我就猪狗不如了。无奈之下,我只好继续发微博,向粉丝们好友们求治疗求偏方,这些好心人热烈跟评为我献计:拔网线、断电、注销账号、扔掉智能手机换原始直板机、去山里住几天、刻肘求戒、剁手……

看到最后那两个字，我哆嗦了。这招也未免太重口味太狠了，我哪里干得出来。况且我是个作家，靠写字吃饭的人，怎么能剁手呢！

可这毛病如果不好好改过来，生活写作皆受影响。就在我几乎要绝望的时候，友人约我去吃饭。饭局虽小，人还不少。最妙的是，落座之后，某位朋友立刻起身招呼大家，来来来，手机交出来。我抗拒，我排斥，我敌视，干吗？为什么要我交出手机。

朋友笑眯眯解释说，我们来玩一个游戏吧，我们的手机都收起来，就在这桌子上叠罗汉，谁要是忍不住先动手，今天谁买单。

这叫一个釜底抽薪背水一战，大家顿时进入战备状态，一个个黪出去了，打起精神运功抵抗，好似唐僧进了女儿国，心再痒也要挺住。任凭你那微博世界精彩纷呈，我自岿然不动。东扯西拉海阔天空，茶饭剿灭甜品下肚，八卦收尾饭局终了，胜负最后才揭晓，万幸不是我买单。据本人冷眼旁观，那位钱包大出血的同学在拿起iPhone 4s的时候，眼神之迷离，爱恨之交错，内心戏之丰富，大拇指之颤抖，完全可以拿奥斯卡影帝了。

经此一役，真是踏破铁鞋无觅处，得来全不费工夫，我给自己做心理分析，要想根治微博控，就得心疼钞票往外送。由此可见，关键还是要找到生命中比刷微博重要一百倍的事。那条刻在阿波罗神庙的著名箴言说人要"认识你自己"，中国话叫"世事洞明"和"人情练达"，正确的解读是：不能光是去洞明别人的事，练达别人的情，还得进一步深入了解自己。对我来说，就是凭啥被叫出来吃饭，还得当冤大头啊。⚡

据说这个世界上的大部分事物都不适用两分法，黑白之间有灰色地带，生死之间有薛定谔的猫，搞不清楚死活。物理学里呢，经典力学划分研究对象是波和粒子，比如光，结果后来证明波粒二象性。

不过，有一件事情我是绝对可以肯定两分法适用，那就是彩票这件事。买彩票的人和不买彩票的人。本人就属于前者，坚定不移的买彩票主义者。我身边的友人就有一辈子绝对没想过买彩票的，他们这种人的看法是，那是投机，那是幻想，那是做梦，尤其是前几年爆出了福彩作弊案的时候，更加是坚定了这派"不买主义者"的信念，那玩意都是骗人的。

可是换成本人的角度来看，首先，彩票本来就是一个小概率数学事件，福彩体彩专家早就发布了不同玩法的概率数，所以，谈不上数目投机或幻想。出门逛街都可能被花盆砸到呢！可你会不会不出门？你还是会出门，还是有中奖的机会。何况是彩票这种每个星期各种彩种各种玩法各种开奖的游戏？你要说是骗人吧，恰好本人去过本省某彩票指定兑奖的银行办理业务过，目睹该银行的兑奖中心货真价实给得主办了存入巨奖银行卡。银行工作人员说，天天都有打扮得神神秘秘的人来兑奖，也有大大咧咧像普通人无所谓的。

再次，彩票支援福利或体育事业。社会还是需要购彩的彩民啊！

最后，两元钱买个希望，一个星期六块钱就可以七天都充满希望，一年几百块就可以全年充满希望。你完全可以根据个人经济实力，控制风险，适当加码。这比去上成功学励志课还要划算啊！让人生始终充满了积极的等待不好嘛？这个时候悲观主义的不买彩票者肯定有话说了，每次开奖希望就破碎一次，天天年年月月都反反复复在希望失望中折磨，多悲惨啊！

可是换个态度呢？本人多年购彩，这"希望"啊，破碎多了就越来越习惯了，越挫越勇，人也变得坚强了。

你看，我还是个良好彩民，身体力行，并不倡导影响生活疯狂赌徒一般博彩。买不买彩票，是一面大镜子，怎么买，就更加可以拿来当心理学案例分析了。一个人不在博彩上疯狂，也会在别的事情上疯狂的。

总之，中奖这事靠运气，但有一件事可以肯定，只要我一辈子买下去，我的整个人生就充满了希望。假如到我临终那天购的彩票还没来得及开奖，我就获得终极胜利，这希望多过失望一次，我也赢了。

对了，未成年人不能买彩票。最后的最后，如果你是个成年人了，拉着朋友一起去买彩票，记得买一份跟对方一样的。⚡

宠物取名怪谈

人类给自己家的孩子取名字挺慎重，要么体现最大程度的美好，要么追求最浓厚的炫耀，花心思的还要找人算算五行，翻翻字典，挑选漂亮的文字，排列组合，再不济也只是表现无聊偷懒，父母的姓名一拼一凑搞定。

遗憾的是，人类给动物取名字那可就是极尽变态恶趣味。有条日系小清新狗叫俊介，光听名字还以为是个品学兼优的小男孩，结果是个被修剪得不成狗样的博美。

我以前养过一只兔子，它就是一团奔跑的雪，一坨发臭的棉花糖，一朵得了红眼病的白云。然后，平安夜那天它听懂了我喊它的名字，第二天早上，挂了。它是冻死的。我的奶牛就这样挂了。没错，它虽然是一只兔子，但因为那段时间被报牛奶有害，我听说某些有钱人自己养奶牛挤牛奶喝，万分羡慕之下，它就叫奶牛了。这叫补偿心理。

在夭折的奶牛之后，一个朋友养狗了。我们探讨了三天三夜，觉得只有芒果这样金灿灿的名字和美味，才配得上千金小姐一般娇贵的喜乐蒂小姐。只不过，从此遛狗的时候不能经过有芒果出售的水果摊了，一旦发生强买强卖这样的事情，谁也不想的。这叫考虑不周。

有的同学家里的萨摩耶叫巴顿，无非是说它能吃，一天八顿。拜托，你养萨摩耶前难道以为这种大块头雪橇犬是吃素的？准备跟着你省吃俭用当大长今吗？太对不起历史上那位功勋传奇，彪炳二战的巴顿将军了。最无聊的是，叫这个名字的宠物还很多，比如微博女王姚晨的猫，也以能吃叫巴顿。这叫什么事啊，请你们跟将军道歉好吗？

相比较而言，某些同学的萨摩耶叫点点，还挺有正太控的风味，我猜其中的寓意是，希望狗狗一直保存幼年的萌态嘛！那么一点点大的时候，最可爱了。

日常养得最多的还是猫猫狗狗，取名正常的有蜡笔小新家的小白，野比康夫家的多啦A梦，取名恶俗的有千千万万的旺财、来福和咪咪。而我有个神经兮兮的朋友，在路边捡到了一只半黑半白阴阳脸的斗牛犬时，干脆就叫它傻逼。每回他叫唤狗的时候，整条大街的人都情不自禁哆嗦一下，以为自己干了什么蠢事，笑死人了。这叫有其狗必有其主。

在此我呼吁大家端正态度，给家里的动物们好好取名。这样宠物们才能堂堂正正做狗做猫做兔子……鸡鸭金鱼乌龟昆虫鹦鹉什么的。⚡

Chapter
04

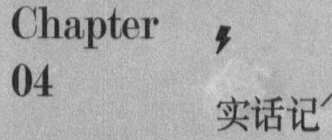

实话记

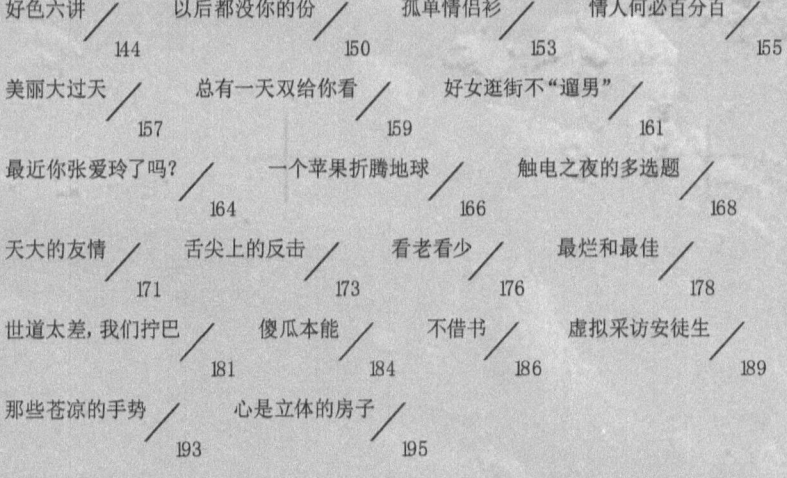

好色六讲 / 144　　　以后都没你的份 / 150　　　孤单情侣衫 / 153　　　情人何必百分百 / 155

美丽大过天 / 157　　　总有一天双给你看 / 159　　　好女逛街不"遛男" / 161

最近你张爱玲了吗? / 164　　　一个苹果折腾地球 / 166　　　触电之夜的多选题 / 168

天大的友情 / 171　　　舌尖上的反击 / 173　　　看老看少 / 176　　　最烂和最佳 / 178

世道太差,我们拧巴 / 181　　　傻瓜本能 / 184　　　不借书 / 186　　　虚拟采访安徒生 / 189

那些苍凉的手势 / 193　　　心是立体的房子 / 195

爱是什么？爱就是为心上人无条件付出，牺牲，一心只想让她得到幸福，快乐！

错！爱是霸占，摧毁，还有破坏。为了要得到对方不择手段，不惜让对方伤心，必要时一拍两散，玉石俱焚！

这样的爱情概念，你能接受吗？你以为爱情是什么好东西？看清楚点它的"真实"面貌……"有事钟无艳，无事夏迎春。"《钟无艳》，一部古装电影，导演是杜琪峰。借古喻今，沿着《孤男寡女》的风格，继续大玩他们的爱情游戏。

好色的齐宣王（梅艳芳饰）某一回上山去打猎，遇上了美丽的山寨王钟无艳（郑秀文饰），并且喜欢上她。同时，从地里逃出的狐狸精（张柏芝饰）对钟无艳情有独钟。无奈，钟无艳只心仪齐宣王，结果狐狸精化身为美丽的夏迎春勾引齐宣王，也在钟无艳丽脸上下了爱情咒，试图破坏钟、齐感情，赢得钟无艳的芳心。

这一部电影，藏着六面照妖镜，照出爱情的狡猾与可恶。照出男男女女的各种表情，照出现代爱情故事的寓言。告诉你拥有怎么样的爱情智慧，才是女性应有的恋爱心态。

第一面：当好女遇到坏男。

钟无艳问："何谓三纲？"宣王环顾左右，那胖子臣相晏婴凑身过来，待要指点，却为一旁女喽啰喝止。宣王道："不知。" 钟无艳眉头微皱，又释怀："无妨，还有二题。何谓五常？"宣王道："弃权。" 钟无艳心中怒其不争，急忙问道："何谓六义？"宣王突然苦瓜了脸，叫道："再给个机会吧姐姐！"钟无艳心里只道天意如此。

内堂忽有喽啰惊呼道："寨主，他全对了。"递过来一方薄绢。钟无艳见绢上师父手书的答案竟是："不知、弃权、再给个机会吧姐姐。"不由暗暗敬服，叹道："你身为一国之君，却不学无术。师父教我文韬武略，原是为了弥补你的不足。"

我不由也暗暗敬服她师父，却原来天生的夫妻，一男一女，无非就是你我相配。或者是共同的兴趣一道努力，别无其他。千挑万选爱的就是这么样一个人。宣王贪小便宜喜欢抵赖，遇上问题脚底抹油，动不动姐姐再给个机会。钟无艳却集各种美德才能于一身。当强女人遇到弱男人，要么女的强，男的甘心自己弱，做个家庭主男；要么，就是老套的大男人小女人。否则，爱情遭殃。学学钟无艳关键时刻虽然文韬武略，但是平时女人风情绝不少。

第二面：爱让女人变丑。

那钟无艳和宣王二人，于是一见钟情了。山盟海誓海誓山盟。本以为是一对天作之合。晚上洞房，红烛燃烧，喜气洋洋。无艳求得神仙帮助，得到一晚的恢复美貌。宣王与她郎情妾意。岂料，第二天阳光一照，钟无艳的脸上忽然多块太田痣，吓得齐宣王鸡飞狗跳，"好丑啊！""哼哼，叫我上了丑女的当。"

　　原来一切都是狐狸精所下的"爱情咒"所致。狐狸精逼钟无艳跟他相爱。否则，钟无艳对齐宣王一动情就会变丑。钟无艳恼怒万分，她本是大美女，现在却成了丑女，得不到所爱！变丑的钟无艳，自然就被齐宣王这种和其他人一样的男人，敬而远之。电影之外，多少黄脸婆就是这么锻炼出来的。比如王菲给他前任男友窦唯，踩着削瘦的背影，捏着鼻子，到公厕倒痰盂。天后怎么样，一个女人就这样的小女人了。照片上耷拉着头发，拖着拖鞋，典型的为情所丑。无数女人嫁为人妇后，孩子与尿布一起飞，油烟熏黄了昔日的美丽容貌。打扮更加是落后的第三世界国家。于是老烂的情人的故事又多一个。你甘心为爱而丑，他未必甘心早晚面对枯黄槁瘦的老婆。

　　钟无艳三个字就是明确的反语：你能够钟情一个无艳的女人吗？老话不说了嘛，"女为悦己者容"，就看你怎么做。女人就自己珍重自己吧。

　　第三面：两男两女的三角恋。

　　狐公子骗钟无艳道："既然你不喜欢我，也强求不得。我不管在哪里，心里也是永远喜欢你的。我就要走了，你可不可以让我抱一抱你？"他这几句话说得情真意切，眼神也情意绵绵。想起宣王对自己的种种，钟无艳百感上心头，轻声道："你抱了便走罢。"那狐公子温存地轻轻抱住她。这时，她耳边却听到："美人儿你上我当啦。那昏君见到我们这番光景，怕要气死。"未及反应，房门已被人踢开，一个人冲进来大叫："你这贱人，果然有奸夫！" 这人是齐宣王。

　　电影情节非常的古怪和搞笑。那狐狸精是个典型的双性恋，忽俊男忽美女。既爱钟无艳也爱齐宣王。变成女人夏迎春，就爱齐宣王，和钟无艳抢一个男人；变成男人，就喜欢上钟无艳，倒过来爱她，穷追猛打。两男两女却搞出一场三角恋。那齐宣王好赌好色样样俱全，一次竟把钟无艳作为赌注输掉，伤心的钟无艳只有插上了招夫旗——去招亲。

钩心斗角，如此不择手段，也是打着"爱"的名义。现代人比那只狐狸好不了多少，爱来爱去一塌糊涂。为了要得到对方不择手段，不惜让对方伤心。三角恋这种事情，脱身越早烦恼越少。

第四面：有事钟无艳，无事夏迎春。

钟无艳要出征，军旗纷飞。齐宣王劝酒一杯："爱卿为我平定外攻，安定国家。"周围臣子纷纷点头，"那夏迎春呢？"宣王尴尬犹豫："我已三宫六院细查问了，不见人影。"一边那田婴道："还望娘娘先出征。"齐宣王更加是许诺："得胜回来再找寻。"满面都堆笑，仿佛从来他心头只有钟无艳。

现实里就没那么幸运了。遇到白玫瑰红玫瑰什么都放心头的男人，常常就左右都不舍得。比如外遇，就是有了爱情和面包之后，还想吃蛋糕的心情！一边说着情难独钟，一边爱完一个又一个。狐狸精和东宫娘娘于是纠缠不休，争风吃醋。想家的时候是妻子好，温存又温暖。可想花的时候是野花香，情人就更加美丽。

对于花心男人，当自己是大众情人的男人，这个时候女人们大可挥挥手，放开些。你如果只是一味去拥抱一个不可靠的人，当然抱住的只有自己的失败。别为一个男人而活着。你还有朋友事业一大堆呢！或者女人干脆也"有事齐宣王，无事周武王"。

第五面：一段情要等多少年？齐宣王一味贪恋美色，把文武全才的钟无艳打入冷宫，与夏迎春天天快活。国事乱七八糟。哗啦，其他国家觊觎已久，虎狼士兵冲破城墙，别国的旗帜插上了他的国家。国破家亡，不再是一国之君。夏迎春本是狐狸一只，自然是无所谓地消失，继续逍遥快活，继续打钟无艳主意。齐宣王猛然才浪子回头，醒悟出谁是最爱，不过这中间的过程，实在是相当漫长。

爱肯定不是所有人都一帆风顺的。你大可以痴痴地等待下去，等来的又是什么样的结果呢？谁也不知道。可能是回心转意，可能是一刀两断。不过有人早就说了：即使是像飞蛾那样扑火，也是快乐的。有的女人就是愿意这样，那没办法。不管什么事情，重要的，是你决定了去承担自己的所做。爱也如此。

但是，别将爱情搞得太像服务生，做牛做马只会累死自己！钟无艳对齐宣王矢志不渝，为他出生入死，征战沙场，含辛茹苦，挑战七国运动会。最后却是心灰意冷。所以，等待的过程不妨放松自己。得之我幸，不得我命。

第六面：爱是什么？

爱是什么，这个问题问了千百年了。

镜头里的芦苇如雪，漫天乱飞，不爱齐宣王的钟无艳不再丑陋。她眉眼如画，站在如雪的芦花中，也痴迷地发问："爱是什么？"纠缠而来的狐狸精夏迎春答道："爱，就是为心上人无条件付出、牺牲，一心只想让她得到幸福、快乐！"这是最好的，最完整的，最具有专业口吻的语气，也是最标准的答案。但是……

"错！爱是霸占，摧毁，还有破坏。为了要得到对方不择手段，不惜让对方伤心，必要时一拍两散，玉石俱焚！"钟无艳伤心到心如死水。

真正的爱情，本来就不是粉红的童话偶像剧。拉锯战，持久战，摧毁霸占。故事是古代的，感情是现代的。不过，最后一无所有落魄无能的齐宣王，回心转意了，和其他人一起争夺钟无艳。看着灰头土脸的宣王，钟无艳伸出手拉上他。有情人终于成为了眷属。跟在其后的狐狸精也怀孕了注定做女人。一切的一切，法宝是两个字，真心。爱是什么呢？答案不是明摆着嘛！

周末看了部《情意拳拳》，名字特别适合剧情，因为讲的是划拳的故事。里面的男女关系分别是，身为划拳王的酒吧老板要惩治卑鄙无耻的女叛徒。补习天后的男朋友和女叛徒勾搭上了，抛弃了补习天后。补习天后就是功课超级棒，给学生搞辅导培训的天才。酒吧老板呢，有个上中学的儿子，有个爱钱爱享乐的前妻。

于是，补习天后和酒吧老板联合起来，对付女叛徒和女叛徒的男朋友。对付着对付着，酒吧老板跟补习天后两个人就产生了感情。他们一起参加了划拳比赛，最后一关有三局。

第一局，补习天后对前男友。前男友猥亵地说要讲个故事。补习天后上当，前男友一口一句"还记得吗？我们的第一次，你说你很喜欢我，你说你……"补习天后羞愧恼火又伤痛，败下阵来。

第二局，酒吧老板冲上去，跟补习天后的前男朋友划拳。这家伙歹毒得很，开始干扰酒吧老板的心神，不知羞耻地叫嚣，"你知道吗，我跟她发生过第一次，第二次，她的N次都是跟我！"

任何一个男人遇到这种情况，都恨不得打扁这个贱人的嘴巴鼻子。酒吧老板也想，不过在打扁之前回敬了一句："谁没有过去啊，以前是以前，第N+1次就没你的份了，以后都没你的份！"

补习天后在台下全听见了，感动得眼泪花花。

第三局，正义的一方胜利打败邪恶的女叛徒和前男友。

酒吧老板畏畏缩缩地问补习天后要不要一个东西？补习天后问是什么。是一枚戒指。戒指上面挺大的一颗钻石——那是酒吧老板失去了一切以后，用唯一的钱买的。补习天后戴上了酒吧老板闪闪发光的求婚戒指。虽然他已经穷得分文没有，虽然他离过婚，还有个儿子，最后连酒吧也被前妻抢走了。补习天后还是高兴坏了，摸着戒指，投入到酒吧老板的怀抱。

谁没有过去！一个男人肯不计较女人的过去，尤其是在邪恶的前男朋友叫嚣"过去的事"之时，能够义正辞严一巴掌扇回去，不嫁他嫁谁？以后当然没别人的份，因为他是她的老公，她是他的老婆。男女之间没有什么嫌弃不嫌弃，只有他爱不爱你，你愿不愿意爱他。

这个话题还可以继续挖掘下去。

为什么多数男人会觉得愤怒。因为在被挑战的时候，在传达一种信号，女人作为占有的，可以被控制的物化的东西时，"有价值"的过去都被拿走了。可是，女人不是物品，所以，作为一个人，她的价值并不会被拿走。

她作为一个人在逐渐成长和学会判断感情，判断人，然后做出选择。她选择一个新的，了解她和能够理解她的人。她的价值不可能因为身体关系就减少，因为这个选择去爱她的男人，一开始就是把她当成一个完整的，缺点明显、很幼稚，但一点点成熟的女人来喜欢的。如同这个男人自己也在因为做过一个失败的父亲，而变得宽厚了，有力量了。

那么，人最初的爱恋，最被歌颂的初恋，可能并不是那么美好。因为，它太本能了，太两性相吸了。我们主要在人类社会里生活，太不够社会性的初恋，显得脆弱、容易变化，不安定。

　　如果你把一个人，作为一个社会的人来爱，而不是光是一个异性，那么，会多少摆脱动物本能的、幼稚的嫌恶。爱是属于人类的词汇，表达的是人类的一种能力，而不是所有动物都具备的。人类不可只是因为"劳动"而区分高等动物。自居雄性动物的男人可以满足自居雌性的女人（只限定性关系），但无法满足一个女人其他的，大部分的日常生活的需要。除非只想找一个性伙伴。

报头的新闻说，"长春有家情侣物品店，因为商品花样足够，生意好得不得了。有一位单身女孩在此买走了一款独版情侣衫的女装单件。付款时，女孩神秘地说，说不定会有奇缘让她在街头碰到穿这款男装的人……"

她最后究竟有没有遇到呢？

没有下文。

我只是在想，衣服这种东西，穿什么，取决于我们要给什么人看。

有些衣服穿给普通人看的，于是我们懒怠，随便搭配。某个娱乐节目专门让三个很有专业穿衣品位的美女模特，上街稽查那些乱穿的人。结果，大把大把看起来比较时髦的红男绿女被尴尬地揪出来。有些搭配叫我说，其实也挺新鲜的嘛！但是不行，专业人士就是专业人士，从色彩学到服饰学，挑剔得那些个不幸被抓到的男女个个脸红脖子粗，分明一副大白天见鬼了，倒霉。

有些衣服我们穿给情人看的，于是精心打扮，就算最终效果恶劣，但起码用心良苦。还有些衣服，纯粹穿给自己看，唯一的观众就是镜子。

情侣衫呢，就比较没悬念，基本上是两个人一起买的，同一天出门办事吃喝玩乐，指定要穿的款式。就好像各种运动会上，指定的饮料面包鞋子袜子和内裤。开头新闻里的那女孩，也是一种指定。只不过，是一种预先指定。她就把自己的爱情指定给了将要穿那款男装的人。这样做很聪明，他们必须审美一致，不然自己都不喜欢的衣服谁买？

只是我很困惑，去情侣店的都是情侣呀！都是已经双双对对了的啊！

莫非，她起心就是要挖别人的墙角？

后来我就明白了，真正的情侣，怎么会理睬那件单独的情侣衫呢？其实，这是多么廉价超值的一则征婚广告啊！穿着女款的单身的我，等着单身的你穿着男款呢！

新闻上了报纸，这样好的商业宣传效果，我不信店老板不唾沫横飞大肆宣传。看到了新闻的男人，冲到店里去，穿上了它，就等于是穿上了接头暗号。多么狡猾的女孩。

万一，那女孩一直遇不到呢？

这对情侣衫就只好自认倒霉，活生生被拆散。

那件女式情侣衫，只有感叹"长春一别，天涯思君了"。人孤单，那么衣服也被迫跟着孤单。这种心理，分明有点光棍见不得人家鸳鸯配。人都难以保证两情长久，何况情侣衫？

但是，无论如何，渴求爱的心，是永远不会断绝的。寻寻觅觅一直寻下去。这是人类的本能，也是生命的恒久主题。没道理让自己孤单一辈子，浪费了仅有一次的生命。

情人何必百分百

　　有一个心理咨询师，某一天接待两个"来访者"。其实是一单咨询，因为一男一女两位是夫妻。他们开始结婚还很恩爱的，但最近却吵闹不停。所以，想找心理咨询师看看他们的感情和生活是不是出问题了。

　　心理咨询师坐在当中，请那两位先安静坐下。然后开始了一个"小游戏"。女人，你先说，说十个你爱人的缺点，看着他说，直接点。还有，男的不许打断不许插嘴，安静听完啊。结果那女人哗哗地一下子抖落了十个：你啊，懒啊！常常脏袜子乱丢啊！吃完饭肚子一拍就闪人！出门老不记得带伞……

　　说完男人脸都红了。咨询师问女人：说完了吗？还有没有？确定没有？女人点头了，没有了吧！咨询师说，好，那开始下面一个环节：说出他的十个优点看看。试试！女人迟疑了一下，慢慢想慢慢说：他很爱我，他其实很勤奋！

　　刚才你不是说他很懒惰吗？咨询师问道。女人卡住了一会儿，然后有点结巴地解释说：其实，多数时候他很勤奋啊，尤其是对工作。只是，只是生活上比较懒散，大大咧咧，乱丢乱扔……说到三个的时候，女人的眼睛里已经有了泪意，女人想起半夜里自己生病，男人急得不行送去医院。这个时候咨询师接着问男人：你也说说她的十个优点十个缺点看看。男人嗫嚅着，揉了一下眼睛，只说出了几个小缺点就说不下去了。说到优点的时候，一字一顿地说我觉得其实你很宽容我……

结果如何呢？两个人没说到一半，就抱在一起哭了。

谁不想要个百分百情人？可是从第一次谈恋爱买给你的花不新鲜，到同一屋檐下，抱怨从来不做家务；从穿过的拖鞋怎么就是不放回原处，到你怎么像太平洋的警察管得那么宽，完全没了自由……

也许情人的样子千奇百怪，但问题却是一样的。决定了爱一个人，就应该去想清楚，去看清楚，这个人身上可能完美百分百吗？有些挑剔，往往伤害了你爱的人还无济于事，又何必天天在耳朵边絮叨！有多少又是有毒的、会伤人的刺？而你却能百般容忍，最后这些刺还伤害了自己。和情人一起来挑挑对方的刺，把那些有毒的伤人刺彻底拔除，让那些无伤大雅的刺保留在神经深处，偶尔出来刺刺你们的爱情，未尝不是一件快乐的事。

我们不必再啰嗦什么道理了，天底下没有百分百完美情人，如果爱一个人需要付出代价的话，那么代价就是要连带爱上他的缺点，在那些闪光的优点面前，那些细节的不足又算得了什么呢？一年年地过，一天天成熟起来，送给情人最好的礼物是接纳和宽容。

很多天生相貌身材有些不如意的女人看了《丑女大翻身》，一定超级有共鸣。

这个电影的故事也特别简单，两个女人和一个男人的故事。

大胖子汉娜有着天使般的嗓音，为歌星亚美做幕后配唱，并得到了亚美的音乐制作人韩相俊欣赏，于是汉娜爱上了这个大众情人般的英俊男人。

歌星亚美也喜欢这个男人，对情敌当然不会客气。她就以韩相俊的名义送给汉娜一件礼服，两个人一起出现在相俊的生日派对时，汉娜想死的心都有了。更悲惨的是她在餐厅的洗手间听到了一个阴谋，原来相俊对她好都是为了利用她优美的嗓音，想让她去给亚美配音。

汉娜想自杀，没成功。

死都不怕，还怕什么？于是她决定去整形。

一年后S身材的珍妮出现了，接下来的情节就挺俗套了，无非是以前人人嫌弃变成了众人欢迎的对象。相俊开始喜欢珍妮，使劲捧红她。

美女珍妮保持了做丑女时期的闪光品质，对人客气，非常具有亲和力，从不嫌弃别人。以及，为了掩饰真相，拼命回避自己的亲人和从前的朋友。

漂亮不是万能的，但没有漂亮是万万不能。

丑女可以变成朋友，但被男主角爱上的可能性，概率小到可以忽略。

变漂亮了以后，并不能够解决所有问题。比如欺骗了他人，比如牺牲了亲情。 维持漂亮更加是辛苦无比。

最搞笑的是当整形后的汉娜和相俊约会，亲吻时一边陶醉在爱情的甜蜜中，一边想着整形医生提醒的话，胸不可以摸，屁股不能碰，接吻要小心别碰歪了鼻子。

……嫉妒得快疯掉的亚美雇了人专门调查珍妮，一心要揭穿珍妮就是汉娜的事实。把珍妮的父亲带到她的演唱会现场。

当珍妮看到自己的父亲时，以前和现在的种种，使她决定公开自己就是胖汉娜的事实，当她在歌迷面前哭诉自己就是汉娜时，没有想到的是大家并没有在意她以前有多胖有多难看，大家呼喊着"没关系、没关系……"

从此珍妮被大家遗忘了，汉娜成为了大家喜欢的歌星，父女相认了，朋友和好了，相爱的人也走到了一起。

一个人的外表其实代表着一个人的内心。一个自暴自弃的胖子会爱自己么？会勇敢去改变自己，去接受爱么？

过去变成了过去，对于汉娜来说，身边的人都重新喜欢上了她。

一个人铁了心追求美丽，渴求被爱，所花的功夫大家是看得见的。

她自有回报。

日语里管这叫恩返。

如今这年头，单身说好听是贵族，说不好听就是光棍剩女。更多时候那些小夫妻或者情侣们，连说都懒得说，只是用七分同情三分鄙视的目光看着你，你就感觉自己跟鲁迅先生遇到了黄包车夫似的，D&G下的小，全都榨出来了。

　　回忆我这小半生，才进大学时，看见班上的团支书清秀可爱，心动不已，琢磨了好几天，是写情书呢，还是直接打电话约？结果一个星期不到，军训还没结束，班长就迫不及待下手了。这简直是赤裸裸的丛林法则，先下手为强。

　　第二年的光棍节就特别痛苦，先驱们早已经成双成对，少数派单身的，只有自己找乐子。我跟另外两个光棍约着一起去上自习。本来以为没有妹子陪，至少有兄弟可以混点。结果，那两位同学半途接到外语系女生的电话，明知道就是叫过去帮忙搬个东西，也屁颠屁颠狂奔而去。我在图书馆实在没劲，于是去上网，跟别的同学聊天。可是网上全是唉声叹气，于是狂打网游去。更加悲剧。

　　单身何止是公害，荷尔蒙过多，打架闹事的都多了。要是有女朋友拉着拦着劝着，世界就和平很多了。

后来鼓舞勇气，我约了本院系的年级之花出来吃酸菜鱼火锅。吃得非常嗨皮，我和那位美女分别讲了好几个笑话。

最后美女的那个笑话比较好笑，我嘴巴里一口饭全喷出来了，劈头盖脸，在美女脸上开花。还好美女是湘妹子，很温柔，没发脾气，只有郁闷得擦脸，我尴尬死了。不过我们坚持吃完了火锅，我就再也没敢约她了。没脸见她啊！

但这事给了我一个强烈的教训。时过境迁回头看，我这叫自恋。出个糗丢个脸算什么！读书拿奖学金还得勤奋刻苦呢，想要得到优质恋人，怎么能一挫而逃呢！太爱惜自己的形象，说不定人家美女就因为那一脸火锅香味的米饭，对我印象特别深刻呢。因为毕业后没多久，我就看见那美女嫁人了，QQ签名写着，爱我的男人我才爱。没多久，她还改成更加幸福的"老公，我喜欢你的小肚子"。

现在我还单着，不过我打算脸皮厚点，宁可错杀，也别放过。最好达到皇帝他妈那样的水平，太后（厚）。

单着的时候，要敢于死鸭子嘴硬，我单我爽。内心仍然可以默默寻觅自己的天下无双。得不到的，要以骚动为荣，以清心寡欲为耻。

说穿了，现代人不就是在谈恋爱的枪林弹雨中，杀出一条情路，一路小跑，奔向幸福吗？今天单，明年单，总有一天双给你看。

如果要在女人和逛街之间选择,你一定会看到平时多么大男人的他,这一刻简直要得精神分裂。心里是千个万个不情愿,脸上是千个万个大陪笑。亲爱的,你自己去逛嘛!你不是还有一帮子姐们?男人喝酒找哥们,女人逛街怎么就不找姐们啊!

男人只喜欢直奔主题,最烦恼女人动不动就"跑题",男人永远无法理解,女人购物是在过精神生活吃感官大餐呢!而不是用大脑来购物的。

刚成为男友的男人,往往不敢反抗,已经成为了男朋友的,更加不敢抗议,还想继续,就老实点。乖乖地跟在后面拎东拎西,偶尔还会点头说不错不错,很好很好。

男人一般很恼火,你明明不买,为什么在那里又摸又拉,还老放在身上比划?再有时,他还会帮着销售小姐"很好看很好看",要么是"不好不好",都是在鼓励你速战速决。男人的这两种反应,在女人看来,都是敷衍我应付我。

其实按道理说,女人不是温柔体贴吗?人同一心嘛!男人要是拉着女人去喝酒,那你作为女人,肯定也是极其不乐意,极其之不爽。最讨厌酒精的

气味，还有那缭绕的香烟。搞不好，男人到了一堆，就口无遮拦说些女人难堪的话。咱们把这环境置换一下，男人去逛街，一样的心情。最讨厌花花绿绿的看得眼睛疼头也晕，最痛恨女人挑挑选选，时间飞跑，脚上走出泡。男人是最没耐心的动物，偏偏要做最需要耐心的伟大事情——逛街。

往深刻里想，哪里有这么简单，分析分析女人的心态。其实不是那么单纯的逛。当女人看着男人无比痛苦扭曲的表情，最后乖乖顺从着，耷拉着脑袋跟在后来，手里大包小包，心里那个爽啊！到底，还是在自私与爱我之间，他选择了爱我，并且爱到跟着我一起买衣服一道逛遍十七八条大街。

可惜男人这方面极其不主动，尤其是在消耗了开始追求的激情，追求到手后的大休息期间。结婚后就胜利大解放，嘴巴里不断强调：你自个去吧！我支持不了。有女人就这样比喻，这个时候的男人，看到椅子简直像看到了亲娘，一屁股坐下来，赖着就不想走。钱包什么都可以摔给你，只要别叫他挪动脚板就成。

没办法，女人的形象单线条思维可不管这些。照旧老年历看待。而且，很认真地以为：逛街不是小事，逛街关系到，你有多爱我！连逛街这样的小事情都做不到，以后怎么同一屋檐下，怎么在爱情里一起走？

这犯了最大的错误：从自己出发想当然。女人在那里把首饰衣服器具又摸又闻又嗅又瞧又试，看起来烦琐，其实是在享受。因为东西不可能全部带回自己家，只好在试用试穿中过瘾，最后找到满意的，才甘心。当然是过程越长，享受越长。如果是陌生人和普通朋友，人家稍微有点不乐意，女人也能够冰雪聪明体会到，干脆不逛了，放条生路。一遇到男朋友，立刻短路，看着他在那里左右矛盾痛苦纠缠的斗争中，是有快感的啦！

你看，你这哪里是单纯在逛街，分明是一半在逛街，一半在遛男。

答案于是揭晓。使男人痛苦的原因，原来一半在于，女人需要爱的表达能渗透到所有细节上。男人为女人做的任何细节，足够女人幸福陶醉一整天。逛街，当然也不例外。

要知道，爱是一种需要对等付出，相互包容的东西。尤其是在性别差异上。吵架多半就是在这些事情上的摩擦。

他是爱你的，只是他接受不了这样的两难选择。你呢，也不要折磨男人了。这样的"遛男"快乐，到最后演变为他对女人的偏见，认定了女人难缠，以后遇到这样的事，肯定推三阻四，爱情不得安息。

好女人，逛街的时候不"遛男"。

如果你最近关机关门并且决定一鼓作气退掉所有的群，那么，你可能要宅了。

如果你最近把工作都给辞了，那么，你基本上宅了。

如果你每天对着电脑但不看碟也不想聊QQ发微博，那么，已经宅得差不多了。

如果你连上一次出去找狐朋狗友吃喝玩乐是什么时候都忘记了，甚至觉得是上辈子的事情，那么，你彻底宅了。

如果你打算就这样一直宅下去，直到死为止，那么，你张爱玲了。

近代情爱文学的女祖宗张爱玲晚年在美国罗省把自己彻底地宅了。文学之外，八卦一点地说，张奶奶是当之无愧的宅女之王。不见人，不大出门，也不和外界沟通，划清一切界线。一直到最后，孤独地离开人间。也许她老人家自己不觉得孤独。只是躲避她抗拒的恐惧的虱子。花大把美元买杀虫剂来消灭虱子，但仍然无处不在的虱子。宅着不容易。活着更加不容易。

这种风范，到如今仍然光辉耀眼。尤其是对于中国人来说。据说外国人都耐得住寂寞，可以在山上或在家里个把月不出门。冰箱空了，现在可以网购。有次看台湾的《我猜我猜我猜猜猜》，请来的超级宅人连续几个月都不出门。但这些人都不地道宅，因为他们沉迷漫画或网络或什么的，是"伪宅"。只有于寂寞中顽强地生，是很牛的行为。有自己的独立的精神王国。

如果一个人即使不工作没收入也有饭吃有东西用，那宅是一种非常非常进化的生活方式。他不需要社会，社会也请忽略掉他。这样人多一点，大概世界都会和平一点。可惜多数女人都不是亦舒笔下的女主角，不像喜宝，有大把遗产，精神上宅着。多数男人，也不像卡夫卡，把自己关在地窖里宅着写作，写了再销毁，纯粹自娱自乐。

这样一想，非常非常的病态。病态到极端，就什么都无所谓了。我问你，最近你张爱玲了吗？

我最近的欢乐基本上都来自于一个字母，S。

这个字母本来应该是一个数字"5"，很遗憾，全地球的人四海一家翘首以盼，结果盼来了幻想完全破碎，还盼来了对"神逝"的哀悼。你懂么？你懂的。都说到这个程度了。

出门觅食，顺手买份《外滩画报》，翻到中间一篇新闻报道的开头就是："新一代iPhone5发布，全世界的果粉们在排队买到手机后，大多数人都开始关注下一个问题：什么时候能越狱？"

上帝呀，根本就没有5，你越个什么狱啊？这报道活生生穿越了。

更神奇的是因为，PS盛行的年代，真机都被虚拟出来了，海报都打出来了。我去本市一所大学门口的数码广场买笔记本电脑，赫然看见各种广告框、宣传画，iPhone5骄傲地挺立着大屏幕，就像是埃及艳后挺着大胸脯。

如你所知，没有iPhone5，只有iPhone4S。如你所知，上帝老人家会见了乔布斯。

太期待得到一样东西，哪怕它还不存在，我们也会创造出来。大家骗了自己还骗得不亦乐乎，信以为真。郑渊洁当年写童话五个苹果折腾地球，他太保守了，一个苹果就可以折腾地球了。

　　这到底是一种什么心理？有种学说认为人类历史还是靠少数天才推动，大众只管享受他们创造的东西。我现在信了。我就算思想无比深刻，刻苦用功一生到老学问深邃，我永远也创造不出这些风靡万千的"魔术道具"。

　　最逗的是《纽约客》杂志的封面，乔布斯去上帝那签到了，天使长掏出的是iPad来记录签到。

　　真的，我觉得就是"魔术道具"，眼耳口手发挥出各种神奇的玩法。

　　失去了一个乔布斯，整个地球都在问，下一个乔布斯在哪？你看，是在问"下一个"，可没问"下多个"。

　　既然我们做不到这种境界，就让我们歌颂天才吧。天才才会觉得，更有动力施展魔法。尽管乔布斯口口声声说，要尊重自己的内心，活自己的人生，不管别人怎么说，但他倡导的这些美学产品没有我们喝彩鼓掌买单鉴赏，该有多寂寞！

　　最后，这篇短文就是我在另外一款苹果的产品Macbook air的11寸笔记本上敲出来的。就是去买小本子时，我目睹了各种不存在的iPhone5海报。所以我完全理解那些人的疯狂，我这样一直渴望躺着写作趴着写作蹲着写作的人，有福了。要不然，我还得忍耐着颈椎病的痛苦，坐在椅子上跟文字搏斗。我不是崇拜乔布斯的苹果教热粉，可我这一刻躺着写稿，很舒服，我被这个小本子拯救了。

　　这一个苹果折腾地球，但拯救了我。

走去，我伸手拉门，一瞬间，我顿时蹦了一下，倒退几步，吓了一大跳。然后我才反应过来，我被静电电到了。也是，干燥的冬天，电影院又铺着厚厚的吸音地毯，这些最容易产生静电。想想也情有可原。

与此同时，那个年轻男生跑过来，问我不要紧吧！他是电影院的工作人员，看起来二十左右。这个男生安慰我说，没办法，我们自己也被电，我每天都被电了好多次。

我笑了，我被他逗乐了。我说是吗？他要来给我开门，不过我已经拉长自己的袖子，隔着金属扶手，拉开门进去。

看完电影出来后，我还在琢磨这事。

天天被电，怎么就没想到想点办法解决呢？可以包一条布带，防接触触电。也可以打印一张字条，提醒观众们注意扶手，小心静电。或者至少，可以反映给上头，让上头找技术人员处理去。

显然这些办法都没诞生。所以我在这个夜晚触电了，所以，照我看来，这个男生跟他的同事，还得触电好多次。所以，像我这样意外被电的观众，还会前仆后继。

我决定下次去那家电影院的时候，告诉他们我这个意见。

然而，在想过这些问题的时候，我一点也没有批评那个年轻男生的意思。在回家的计程车上，我反倒笑了。触电事小，成长事大。很多人很多事，跟那个年轻男孩没什么两样，遇到事情一根筋，硬生生就这么扛了。但这个世界上的绝大多数事，都是多选题。同样的事情，你要是多一个选项，就好说话了。

当年我工作的公司里，有个做美术设计的女孩，她做的印刷品，搞错了一个广告数字。没办法，造成了公司的损失，只有认罚。但数额不小，她的工资也没多少，这事认真处罚下来，她就要卷铺盖走人，还要赔一笔钱。在办公室哭得稀里哗啦后，我那老总板着脸教训了许久。其他同事都准备跟她说再见。

最坏的结果，就是她举债赔偿走人。但一个年轻女孩，一下子搞得声名狼藉麻烦无穷。而公司呢，其实也损失了声誉，走了个专业人士，还得重新招聘。

多一种处理方式可选，这事看上去就没那么糟糕不幸了。谁能不犯错呢！每个月都扣钱抵偿，再迟钝的人也要高度警惕了。至少人保住了工作。那女孩当时边哭边说，就没有不赶我走的办法嘛！

怎么没有，有的。最后的处理办法就是，部门的人开了个小会，决定不赶她走，继续留着干，每个月工资的一半拿来抵偿损失。以后的工作，自己加倍小心谨慎，按程序反复检查。

如果能够提供更多的选项，就会越有利于解决问题，有利于做事，有利于维护个人利益。

再回到开头那个触电的事。

你还有没有更多解决的办法？还有，派发防静电的手套给工作人员，代为拉门。或者干脆把进放映厅的门卡住，过了这个季节再关上。

要把这种习惯养成，就像条件反射一样，还有吗？有别的办法吗？

很多个选项里，总能够找到更好的。

　　不久前我打电话给友人A，A说他新养的宠物狗小宝得了细小病，连续得打七天针，一天就要花两百多。治好小宝一千多是少不了的，而且还得每天中午从上班的地方赶回家带狗去动物医院，他已经开始有点抑郁了。要他不管小宝的死活他做不到，于是我只能倾听良久，然后祝福他的小宝早日康复祝他们百年好合白头到老永结同心。原谅我，我被倾诉得错乱了。

　　我的友人B，投奔我家拉着我彻夜长谈人生种种烦忧绝望，创业失败亲友炎凉，第一夜我安慰开解，第二夜我开解安慰，第三夜我打起精神劝他解放思想实事求是脚踏实地洗心革面重新做人……第十夜我彻夜不归，一闪了之，我也得喘口气休养生息，请君明日再诉好不好？

　　我的友人C，立志一定要考上北大研究生，卧薪尝胆悬梁刺股天天泡图书馆，连考三年终于考上了。这三年中她的倾诉可以写成一部《一千零一夜》，每一夜都在纠结，搞得我也无比纠结，差一点变成麻花藤。得知她目标达成终于成为北大人时，她将企鹅上的签名改为"小舟从此逝，江湖寄余生"、"相忘于江湖"，后来电话也打不通了。我差一点爆粗口，且不说苟富贵勿相忘什么的屁话，你也要跟我保持通联，报答我三年听诉的天大友情啊，

礼尚往来，时不时也让我找你倾个诉啊！

想当年，我在心理学杂志做编辑部主任的时候，每周值班三次，接听全国各地的心理咨询热线，听遍世上的倾诉。我跟那些人半点友情也没有，纯粹是工作需要，我忍了。只恨不能像万峰老师那样，化倾诉为训导。

可人生在世，不能没几个铁杆朋友，冲着面子，也得听着。天大的友情是肯听你倾诉，超级浓缩的诉苦。比天还大的友情是听你一诉再诉，没完没了。到最后我深深地觉得，如果不是天大友情的那种，要想不被人倾诉，你就得先倾诉。实在躲不掉，那就"信号不大好"。⚡

现代社会有谁没吃过泡面呢！泡面有很多别名，快餐面、方便面之类，反正居家旅行必备。然而，你看大多数的泡面包装上的食用指南，基本上都是三分钟。对，吃一碗泡面，官方建议是请你用热水泡三分钟。

为什么是三分钟？三分钟更加好吃，面不会泡烂对吗？好像也不是，但凡亲自泡过的人，都有经验，有些面泡五分钟，味道也很不错，面条仍然爽滑。

三分钟，是发明泡面的老板确定的，调研了一番后，风行全世界。

1958年日籍台湾人安藤百福，在大阪府池田市发明了方便面，这位先生原名吴百福，是个华裔。安藤百福在之后不断试验产品推销产品的过程里，他建立了三分钟的行业尺度。

其实，三分钟是因为考量了人的心理状态，是一个心理学伎俩。人在面对食物的时候，让你等上三分钟，面的香味刺激加上等待，会让你胃口变好，吃起来更加快乐，觉得很美味。

如果超过了三分钟，等上五分钟呢？人就有点失去了耐心，期盼心减弱，那种将要得到的心理愉悦，峰值下降，会觉得没那么好吃了。食物气息对鼻腔的刺激也开始有点习惯了，有点麻痹了。

全世界都是如此心理，所以，全世界的泡面，尽量都劝告你泡三分钟。这个道理电影麦兜里也提到过，一口火鸡的滋味，在将吃未吃时，香味达到了巅峰。

谁都知道吃泡面只能满足基本营养，长期吃不利于健康，但有时候就控制不住偷懒和泡面的香味诱惑，大吃特吃起来。

另外一个诡谲的伎俩，则是关于热量的。现代人食物丰富廉价，于是都容易发胖。于是，开始小心翼翼控制摄入的热量。于是，食品制造商们为了迎合消费者，政府部门为了保障和引导国民健康饮食，要求食品标注出营养成分和能量。

有国家的强制管理，难道会瞎标热量吗？生产商当然不敢瞎标，但是呢，他们自然有别的花招。你去买一份饼干，看见上面写着每份热量三百卡路里，哟，不怎么高嘛！于是你放心大胆享受美味。结果你再看看能量表下面的超级小字体文字说明：每份约等于二十五克。

这个时候你已经吃完一袋饼干了。一袋饼干呢，有一百克。也就是说，你不知不觉吃下了五倍的热量。

怎么样？这陷阱很妙吧！所有会让你心理放松，失去戒备的手段，只要不是明显违背规定，只要能让你更好地消费产品，保存这样的消费习惯，擦边球就会层出不穷。中国也好，外国也罢，天下的乌鸦都一般。问题食品可怕，不良习惯也可怕。上面的两个例子，完全吻合食品卫生管理规定，但是，就是让你离健康饮食越来越远。

现代食品工业已经高明到分子水平，更好的口感更多的噱头，更专业的消费者心理研究。

舌尖上的世界，其实就是比拼直接影响你的心理。得民心者得天下，以及天下人的钱包。消费者自己只好加强学习，多学点心理学，看破诡计，为了自己的健康，反击逆袭。

　　七月某天经过三阳路，在一条巷子口侧身看了一眼，一个太婆靠在躺椅上，头发半挽了个发髻，右手夹一根烟，这太婆满脸皱纹，阿妈款式衣衫，但吞吐烟雾的姿势，一派高手架势。有人过去跟她打招呼，她就挥挥手，搭腔几句，隐约可闻一派粗鲁豪爽。真是一把年纪了，硬气不改。

　　这样的太婆，见过不少，闭着眼睛也能够闻到老江湖味，你要是敢上前攀谈，她绝对可以跟你扯着汉腔，旧故事说个天昏地暗。老街道老房子老巷口，这太婆在黄昏日暮的光线下，淡看岁月的范儿十足。

　　有空的时候我也跟小朋友们玩，不到二十岁的各种本地娃，聊天起来普通话说得非常顺溜，礼貌客气也很周到。不过呢，接个电话，要是家里人打来的，口音立变，切换自如。回过头，又是斯文可爱。这些小朋友跟我说，他们的妈妈们嫂子们是改不了口音了，不过他们可是轻松自如完全驾驭。

　　还有那些小小年纪来武汉读书求学的年轻人，虽说武汉的大学是铁打的营盘，大学生们是流水的兵，不过呢，这流水一直流着，青春一直贯通八达，分布全城，带来的意义就不同了。就像长江一直流着，这城市不也就叫江城了吗？四面八方的年轻人一年年来，一年年走。樱花和湖水，小吃跟爱情，都在回忆里永不褪色。不少人留下来了，新鲜融入。这留下来的，跟待了四年的，他们就跟软化剂一样，软化了火爆刚烈。

看一个城市，看少看老。全天下的中年人都忙忙碌碌各种面具修饰。少年们有未来，一切不定型，人与城市，相互影响作用着，往前继续走着。老人们看惯春花秋月，干脆原原本本做人，且保留着过去的言谈举止，原汁原味。

看武汉的少，再看武汉的老，你会发现这城市有一股子大趋势。你以为武汉总是那个全国人民嘴巴里说的样子吗？那可未必。日新月异地变，有一天你就发现怎么就不是那个传说中的城市。几十年上百年又算什么呢？就跟煲汤一样，到了工夫和火候，又有一番面目滋味。

不怕说句实话，新老更替，这城市也渐渐温柔了。

至于我呢？有年秋天，气候凉爽，心血来潮，大发慈悲，我买了十几斤鸭脖子，真空包装密封了，分发快递给各地的朋友。那些北京广州等等地方的友人们收到这美味后，快活地大啃鸭脖子，想一想，自然能领会这城市跟这城市的人送出的默默温情。等他们念及提及，鸭脖、味美、友情、馈赠，这肯定在他们心田种下正面印象。

或者，这也算本地特色，我也学到了一份收买人心的江城小市民的精明。那我觉得，也是好事一件。

　　我生之初，属于我的那个时代，全部的世界认知教会我的，就是我最初的构成。

　　教科书里写的每一种品德，耳朵里听到的每一种训诫，电视里播放的每一种规矩，源源不绝，四面八方。

　　几乎任何一个人都是这样吧。有生之初，每个孩子是橡皮泥，被这个捏一下，那个捏一下，最后灵魂成型。奇形怪状。

　　我小时候听过一个民间传说，有的孩子从小被遗弃了，丢在原野和森林里，被狼收养了，结果变成了狼孩。虽然是人类的孩子，但却有狼的习性。后来回到人类世界，就被当成了怪物。我就忍不住想，这个狼孩，面临自我认知判断时，心底该有多么困惑。我是谁？我从何来？到何去？

　　据说这个问题很终极，让无数聪明人的脑袋都倒霉，想来想去变得神经兮兮了。

　　可是呢，一个人一生中，如果从来没有想过这些问题？那怎么算人生呢！

　　0. /.

到了奥斯卡最佳女主角奖，也得到了金酸莓奖——一个搞笑的评选最烂的奖。她说经过了大喜大悲，想起妈妈曾经告诉她，别听他们的，做你自己就好。

你看，成为影后之前，她也获得了这样的认识结论。有人说你最烂，也有人说你最佳。

最烂与最佳，居然都集中在一个人身上。你不会怀疑吗？

这个世界上，太多东西真伪不定，取决于外界的游戏规则。

人只能认可自己。

最烂，如果喜欢成为一个演员，还是要演，并且把最烂奖杯摆在架子上，不必逃避。最佳，更要好好演。

我有时候会想象，如果我是那个传说中的狼孩，心路会有什么历程——有一天我明白了，我来自我自己的命运，与其他人不同，不会拿餐具进食，不懂天文地理，那么，我必定会惶恐。

这份惶恐，只因为你不是别人认为的那个你。

你要听话，你要顺从，你要老实，你要勇敢，你要自信，你要强大，你要成功，你要门门一百分，你要吃得苦中苦，你要做得人上人，你要精明，你要会做人，你要杰出，你要……

你是好的，你是坏的，你是笨的，你是傻的，你很自卑，你好弱，你太失败了，你……

这些"你要"，这些"你是"，会一直存在，永远存在，就像这个世界上永不磨灭的噪音。

重要的不是我是什么构成，重要的不是你要。

重要的是，你选择了做什么样的自己。

而这，需要你一点点剔除，剔除这个人施加给你的偏见，剔除那个人施加给你的强迫。尽管这些施加的人当中，包括我们所爱的人和爱我们的人。他们自己也并不高明。

尽管我们要经历过痛苦和怀疑。

但最终，我们会遇到只拥有我们自己的时候，也会遇到一些只有自己独自面对一切的时候。

我用了十年时间，完成了成为一个作家的自己。这当中我仍然被劝告，要上班，要有社会保障，要有人际关系网，要……我也会恐惧，一个脱离体制的人，老了怎么办呢？

然而，发现自己的灵魂最初是被捏造的我，不再是从前的我了。自己赚钱给自己买保险吧！

啊，如果他们问狼孩，你究竟是狼，还是人？或者你就是狼人。

有什么关系呢！是什么都好，我都要好好活啊。如果狼孩长大了学聪明了。

《空之境界》里有个说法：我们并不是背负着罪来选择道路，而是应该背负起所选择的道路上的罪。

这话也适用于"非罪"，路还是由自己去走，只不过，我们不应该为了背负起别人的期望和意识而选择做什么，也不应该被过去的自己束缚住。我们是为了成为什么样的自己，而去背负起我们要付出的代价。

没有什么最烂，也没有什么最佳。

只有你自己。

　　你是想无忧无虑还是想痛苦纠缠？你是想混吃等死还是想积极有为？你是想样样出色还是想萎靡困顿？你是想快活欢乐还是想眼泪婆娑？

　　以上这都是些什么破问题？有脑子的当然选正面的啊？

　　那选负面的呢？就是没脑子的吗？恰恰相反，我觉得选负面的更加有脑子。

　　因为真的懂事有了脑子的人，才明白，无忧无虑是不可能的。混吃等死要拼爹或者中彩票或者你努力到老，成为苹果的乔布斯那种富翁。样样出色吃屎都要吃屎尖的人活得特别累，快活欢乐不是零成本的，需要你拿时间拿心力去交换。

　　被我这么一说，我现在再让你选，你会怎么选？

　　笨蛋啊，肯定是要选正面的啊。不追求快乐难道追求眼泪啊？你是不是自虐啊？不积极有为反而混吃等死，你跟猪有什么区别啊？

　　你看，我是不是在强词夺理胡搅蛮缠？我是不是把你的脑子给搞乱了，熬成了一大锅咕隆咕隆冒泡的浆糊了？

　　让我们歇息下，喝口汽水，在这个夏日漫长但终于要过去，立秋到来总

算多点理性冷静的时分，好好回想一下。

你有没有遇到过这样的一个小问题：长大了想干什么？

问你的人多半是家长或亲戚长辈。

我肯定，大部分的小孩子都会被问这一句，长大了想干什么。而小孩子呢，在那个时候，也很配合地随便说点什么。比如提到心目中的偶像啊，比如提到想变成什么样的人，比如从事什么样的伟大职业——踢足球、唱歌、开公司、大律师，等等，诸如此类。

很少有小孩子会回答：长大了不想干什么。

这样的小孩子太阴沉，显得太早熟，太没劲，也太童年阴影了。

然而，我们飞快地就长大了，无时无刻不得面对这个问题，我活着到底想干点什么呢？

这种想法，我们从前称为理想，说粗俗点也叫欲望。这玩意是我们心中的一砣火。熊熊燃烧着。

渐渐地我发现，这个世界只有两种玩法，一种叫按部就班，别人怎么做，跟着怎么做。

另外一种叫"别扭"、"拧巴"，别人都是这么做的，偏偏不这么做。

我不得不承认，人是有天性的。也许这天性是一个阶段一个阶段，有变化。但拧巴的人在拧巴中，看起来无比悲催痛苦，眼神最深处，总有一种宁静，我知道我是个拧巴的人，我正在拧巴，所以我很吻合自己。

按部就班的人看起来忙碌，不自由，被禁锢，但眼神最深处也有一种安逸。我知道我乐意这样，别鼓动我逃亡广阔的天地，然后饿死。

哭不一定痛苦，笑不一定喜悦。说着混吃等死可能在忙于赚钱，嚷嚷积

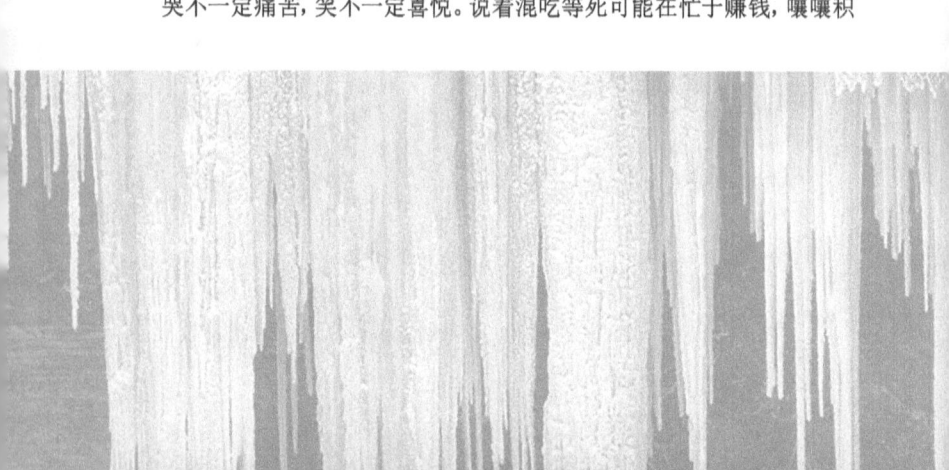

极有为的人也许毕生啥都没做出来。

嘴巴上抱怨一千遍，不代表你不喜欢你所在的地方。

去干点什么呢？要问你的心。你天性是什么样的，就得干你觉得欢喜自在的事情。

你的心在你胸口，不在你的嘴巴上，甚至，你的心也不在胸口，在你的脚上。脚走向哪里，哪里是你想去的世界。

我以前做事的地方与居住地，距离很远。每一天大早赶着时间，在公交车定点上下，还必须步行两公里，慢腾腾穿越一条车流量极大的路口，心惊胆战地抵达目的地。路上的人来往，开车的开车，显然这个时候，单车就发挥起优势，能灵活迅速穿过。

大约是十或十一岁时学的单车。我记得很清楚，上车才不久，就撞到一根电线杆子。面对面最亲密的接触，一阵昏黑迷糊后，额头那股子轰隆的疼痛，水一样大面积泼下来，刻骨又铭心。从此再不碰单车。

到中国人网站的同学录去，遇到了旧日的同学，她还曾是我的邻居。从前我们时常一起玩耍，交情不错。

我将她加为聊天的对象。久别后重新连上线，大大小小的芝麻绿豆都回忆起来。我感叹又抱怨，到现在还不会骑单车，没公交车就只好虐待自己的两个人肉轮子。那边发来一个惊讶的表情符号：不是的吧，我明明记得你很会骑单车的啊！她说她记得很清楚，那天，骑得还真不赖，又快又稳，连她叫了我的名字，我都没察觉，风一样。

我简直怀疑她在编故事。我说："不是的吧，你记错了吧！"她说："怎么可能，当时还有另外一个班上的女生跟我一起逛街呢！我还记得我跟旁边的人说，人瘦得猴子似的，骑车这么快，真滑稽。哈，不好意思，当时就是这样想的。"

我记得我不行，不会骑单车，怎么就不记得自己还骑得很不错？努力回忆，好像有那么一点印象。记忆怎么会出现这样大的错误？成年后多次想重新学，心里那个念头盘踞着：我就是不会，骑不好的，算了。那恶狠狠一撞现在还隐约生疼。结果到现在，我不得不常常虐待自己的两个人肉轮子。

忍不住翻看了心理方面的解释，我找到了答案。比如一个投资，可能赚十万，也可能赔十万，你是投，还是不投？我们更害怕亏的痛苦，所以勇敢投资的人总是少数。很多事情根本不是没那个能力，而是选择性记了失败的痛苦，时间一长，记忆淡化，就更加否定了自己。

如果是这样，那么，当我告诉自己不行的时候，我真的是从来就不行吗？其实不是的。别再被不可靠的记忆给唬住。

单车和游泳这些本事，一旦学会，记忆就深入骨髓，近乎本能了。

偶然怀旧了一下，我在微博倾吐积压的心声：在我童年时，那些借走了我的漫画，我的《童话大王》，我的郑渊洁十二生肖系列，我的《故事大王》，我的《儿童文学》，我的《知音》，我的《辽宁青年》，我的《读者》、《青年文摘》，我的《人之初》杂志的……统统还给我。如果有时光机，我要返回当年，打死你这些借书不还纯粹为了"痞"掉的人。

超多同学赶过来附和，是啊，那些可恶的家伙。

附和之外，有两位同学与众不同脱颖而出，向我发问。"优雅来自拒绝"同学说：我们是不是该反思一下，为什么人家喜欢找我们借东西？凭什么他们笃定他们要借的东西我们有？

另外一个同学说：到底那些书借给了谁呢，这些谁怎么也想不起来了。但是，那些书都还记得。为什么？

这些问题真是深入灵魂啊！

我反思，难道我长着张被借书脸？显然不。显然我只是爱看书，爱看书的人，一不小心就爱买，当身边的人看见了你的库存充足弹药丰盛，怎么会不动邪念。作为同龄人，显然我喜欢看的他们多半也喜欢看，所以，他们根本就

是居心不良早有图谋。

其次，为什么书都记得，那些可恶的人却不记得了呢？

我总不至于随随便便就把心爱的书借给别人啊！总归是那些混得熟的，玩得好的同学、朋友，我才会慷慨。然而，我的确依稀只记得他们的一点点样子了。那个马尾辫嘴巴有点大的女生，那个戴眼镜样子挺斯文的男生，这个那个这个那个的，我就脑子糊涂了。

我想，是不是因为，书是属于我的，是我人生的一部分，而那些徘徊在记忆的非重要区域，随时间而变化的人，不属于我，以及我的人生了。当年的同学当时玩得好混得滚瓜烂熟，当时而已。而书，跨越那么多年，是我曾经感动过，交心过，成长过，启悟我的另外一种朋友，扮演了更加重要的角色。

还因为，人生根本就不存在太多真正的朋友。这不是在讽刺和偏激，纯粹在陈述事实，人和人之间成为知己和真友本来就全凭缘分。有的人不是我的真友，可能是别人的挚交。别人的泛泛之交，可能是我的莫逆之交。世界太大了，所以各人交各人的朋友，对不同的人交付心意。我有我的铁杆，搞不好是你的深恶痛绝。管他呢！鲁迅都说了，人生得一知己足矣，斯世当以同怀视之。

只有书不会舍弃你，背叛你，忘记你。你只会丢书，送书，卖书，因为书是私有物，是物权充分的标的物。我要控制要霸占要收藏要占有，天经地义。所以我当然记得那些我喜欢过的书。

感觉好像教科书在倡导啥？不，才不是。我只是在描述我们与这个世界的相处方式。人要与人建立深刻的感情，不同于人与物。因为人无法完整属于另外一个人，因为我们彼此独立，如同网点，交错连结，但还是各归各。

那些搞不清"恋人"和"恋物"是不一样的人，折磨别人也折磨自己。把人当物品爱，把物品当人爱，都是变态。前者是可怕的变态，后者是也许可爱也许可怕的变态，看程度。

找我借书是把我当朋友，可惜的是，你不会永远是我的朋友，也不会永远陪伴我。借了我的东西给我还回来，要不你可以直接问我，能送吗？

可以，要礼尚往来，书尚互赠！但概不外借。

长大到今天，教训沉重。我就是，不、借、书。⚡

在纪念安徒生先生二百年诞辰之际，我虚拟采访了一干故事主角的人物。

我采访安徒生探讨的话题是关于这个世界的美好与真相。为了热身，先采访他笔下的人物。

首先是一个小男孩。

"请问，你为什么要说国王没穿衣服，大家都说他穿了，你为什么要破坏氛围呢！"

小男孩很倔强，坚持说道："他确实是光溜溜什么都没穿啊！安徒生先生就是这么安排的。"

"你认识那个卖火柴的小女孩吗？跟她熟吗？"

"认识，她不是冻死的吗？现在她再也不冷的，也不会饿了。她很幸福，在天堂生活比人间好多了。"

拇指姑娘坐在花瓣上，赶紧上前发问："你好啊，拇指姑娘！"

"不这么好。我找不到男朋友。"拇指姑娘难过痛哭。

拇指姑娘个头依旧那么小巧玲珑，可爱迷人。但事实上，也有的大人一

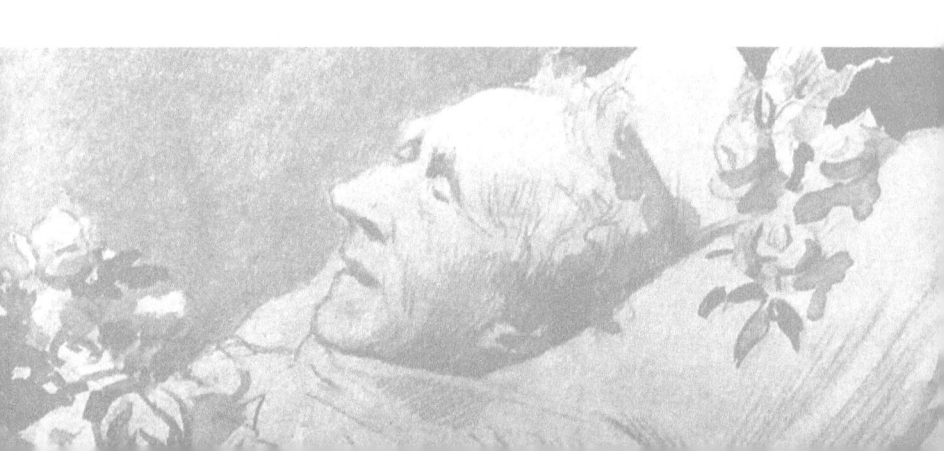

针见血地指出,"根本就是畸形儿!"在这个外貌党人横行霸道的年代,大家看脸也看身材。可耻的歧视啊!对此,我们就当是放屁好了。

还有《海的女儿》里的美人鱼,"为了心爱的男生,去做人体整形手术,值得吗?你救了王子,他最后跟别人结婚了。人不人,人鱼不人鱼的。"

"我……关你什么事?我喜欢变成泡沫。"

"既然变成泡沫,可以去客串芒果台最热门的《泡沫之夏》啊?"

"那么老的演员还演青春偶像剧,我们有代沟,谢谢。"美人鱼的灵魂冷冷回答。

最后,我们来采访在天堂颐养天年的安徒生先生。

"您好,我是您的忠实粉丝。您能接受我的采访,我真是太高兴了。"

"谢谢你啊!不用客气。"安徒生先生友好而温和。

作为一个童话作家,他对孩子们一贯很好。虽然我已经是超过了十八岁的成年人,但是——仍然无限崇拜他。

"已经度过了冥寿的二百岁生日,在我看来,很多人都还是孩子嘛!"安徒生先生像个亲切的大叔,他出身于鞋匠世家,幼年贫困,好不容易依靠写作,走出了一条世界瞩目的路。

"这世界可能到最后会让你发现真相不如你以为得那么美好,您要选择相信美好还是相信真相?现实文学史里对您的记载,我倒是做了功课。我看了传记和一些史料。说您长相难看,当然我是转述别人的,不是我自己要这么说的,您别生气。他们还说您几次恋爱都备受打击,最后干脆当了一个老光棍,想来点什么的时候,还是打飞机。广大读者实在觉得这一点也不美好,可这又是历史真相。对此您怎么看?"我不得不承认,我太残忍了。明显看见安徒生愕然瞪大了眼睛左右看。

"我觉得……我觉得就像《丑小鸭》……"

他不会要哭了吧！在我极为担心场面尴尬的时候，安徒生没说完，我醒了。

当然，只不过是做梦。我又不是昏头的歌星李玟很欣赏岳飞的词《满江红》进一步找他约稿，或者前两年脑崩的记者发现最近张爱玲很火到处打听，嗨，你有没有张爱玲的电话号码我要专访她……

并没有人强迫你相信世界从来很美好！也有不美好的童话，一开始就很真相控。至少，还有《皇帝的新衣》、《卖火柴的小女孩》吧！

遗憾的是，我梦见了这些童话里的老少朋友们！却怎么都想不起来，梦中安徒生先生是怎么说的了。

可怜。

过了几天，我终于想起来了，安徒生先生说的是什么话了。

那是在我吃黑椒烤鸭的时候，想起来的。

安徒生先生说："世界就像丑小鸭！如果你自己是一只天鹅，你从来就是美好的，如果你是一只鸭子，长大了还是鸭子。这是丑小鸭的真相。所以最重要的不是选择相信什么，不是坚持不是努力，而是，你是什么就成为什么，在你原本的基础上做好自己。"

这显然不是安徒生先生的本意，他也没有这么爱说教。但他写的那个故事，活生生讲的就是真相。

"丑小鸭"一直都是天鹅。

世界一直是那样的。因为这样或那样的误解，我们觉得世界不美好了，真相太残酷了，我们被伤害了。

鸭子一直是鸭子，但鸭子有鸭子的美味和价值，比如北京烤鸭，比如片皮鸭，比如周黑鸭，美味得很呐。我吃过鹅肉，不好吃。癞蛤蟆最后会发现，天鹅肉也不好吃。没有必要那么想吃。

你，以及你可能遇到的众多类似的人，都似乎在验证，世界的真相实在不是那么美好，那么，为什么会一开始以为世界那么美好？

真相这种东西之所以存在，难道不是为了告诉我们，要亲自体会过才得到真实的世界。

朋友是珍贵的，不是人人都对你真心的——所以不能够随随便便未经考验和判断，就跟陌生人做朋友。要鉴别，要观察。

大学是美好的，但不是你高考前老师所夸张形容的天堂——所以只有念过之后，才知道真正的读大学是什么样的。

恋人是容易变心的——所以你自己也要改变，要变得更好，成为更好的人，才更加值得他/她留下来在你身边。

失去虚假的美好以后，认可了真相。我们才会想要寻找真正的美好。

所以我喜欢童话大师安徒生。他写的世界总是充满了真相，一会儿美好，一会儿不美好。这是另外一种隐蔽而神秘的生生不息。

真相本身，就是最有福的一种美好恩赐。

从此以后，你可以选择有时候做梦，有时候醒来，有时候再做梦，以及拒绝醒来。

世界终于还给我们真相了。

生命里都有些苍凉的手势，以及一些背景和道具。我不是一个喜欢张爱玲的人，以为她的话说到最后就是苍凉。多么美丽多么繁华的对象被她漫漫叙述到结尾，也就是花开到了奢靡。

就好像我们看电影，看小说。那些愤怒和悲伤的纷乱细节过后，印象非常深刻的只有几个场面。也好像看完了一部《倾城之恋》，记得的只有几句美丽的话。就等着那个苍凉的手势打出来，然后等着感动，等着自己流泪或者豪情萌发。

我看黄易的小说《翻云覆雨》，里面的厉若海在临死前的身子依然挺得笔直，眼中射出无尽的哀伤，看着秋林草野道："到了这一刻，我才知道自己是如何寂寞，人生的道路是那样地难走，又是那样地使人黯然销魂，生离死别，悲欢哀乐，有谁明白我的苦痛？"

他缓缓探手怀里，转过身来时，手上拿着一包用白丝巾裹着的东西，递给风行烈，微笑道："这是师傅买给你的东西。"风行烈接过，打开一看，原来是一串黄里透红的冰糖葫芦，抬起头时，厉若海已转过身去，背对着他。风行烈道："师傅！"厉若海寂然不语。风行烈全身一震，猿臂一伸，抓着厉若海的肩头。厉若海软倒在他怀里，双目睁而不闭，口鼻呼吸全消，生机已绝。

在这里最苍凉的手势就是主角的最后一叹，以及那串黄里透红的冰糖葫芦。

金庸的小说里，写杨不悔爱上了一个大她许多的男人。那个男人曾经是她母亲的未婚夫。她说，那就是她生平喜欢上的第一个冰糖葫芦。即使是其他的再好，她只要这一个，就是殷梨亭。

她这一辈子没有什么可以挂虑了。张无忌虽然好，但却是哥哥一样。夕阳下她已经哭了。走的时候，她已经把自己的面孔掩盖了。只有张后来的发呆，以及故意躲避着擦去眼泪，那默然的一擦，上一代人的恩怨和情爱就是这样的结局。虽然完美但却无奈。

《霸王别姬》的电影里，外面的花花世界有诱人的糖葫芦。受不了苦难的小戏子吃着冰糖葫芦自杀了。生活最后的一点甘甜做了丧钟。有什么比富贵更加吸引人？张国荣扮演的角色吃苦后终于成为人前之人。只是那个小戏子大口吃冰糖葫芦的样子我现在仍然觉得胆战心惊。人有多么悲哀和卑微。不是所有的人都想走那一步的，随便被他人决定了命运。当你想到了最后，就知道世界上的事情都是如此，数十年或者几年后可能你就已经不存在。谁还记得他，那个小角色？

音乐已经响起了：往事不要再提，人生已多风雨……锣鼓，黑暗中亮起的灯光，大幕，还有粉墨登场……人生没有我并不会不同，一代名角最后的苍凉手势，是一把宝剑横过自己的脖子。人生没有我并不会不同，真的是这样。世界还是世界，或者荒唐或者悲哀。

心是立体的房子

1999年我初入大学，有一天我趴在学校的南湖边上写诗，一个男生凑过来搭讪，把我的诗要去看了，给我夸成了一朵漂亮的花。你看，人都喜欢听好话。我对他于是好感顿生，问他是否也喜欢文学。他回答我，他喜欢英文写作。

这可真是优秀的喜好。然后他还告诉我，在高中的时候他就给BBC投稿，还被播出了。我对他可真是刮目相看。

我们因此成了好朋友。一转眼，时光匆忙，毕业、工作，我跟这位大学同学认识了十年。十年当中，我很多次被这个朋友搞郁闷了。

他这个人，怎么如此斤斤计较，如此小气，如此会算计利益，占别人的大小便宜。如果我们一起去给房子买电器，那么他会百般计算，如何对他最有利，然后拉别人来一起刷卡，他积累大额积分后兑换奖品自己占用。诸如此类，发生无数次。

他这个人不讲卫生很脏，人也比较猥琐，如果一起谈事情见面吃饭，啪，他吐出一口痰，我顿时胃口全没了。

尤其是伴随着时间的检验，我发现当年他说的在BBC发表文字完全不可靠，根本就是不靠谱的吹牛。就是这样一个人，很让人讨厌不是吗？

然而……渐渐熟知对方后，我了解更多。

他在中学时代，路过家乡某个角落，看到了一名弃婴。终于他抱着孩子带回了家。于是，他的母亲出面收养了这个孩子。这是个女孩，原本会夭折掉，默默无闻死在人间。但是，遇到了他，他带她回家了，小女孩渐渐长大了，拥有了两个哥哥和一个母亲。哦，对了，我要补充说的是，我的这个同学好友，他本身是单亲家庭，很早年，父亲就抛弃了他和弟弟及母亲。他的青春期其实是混混，后来立志洗心革面，考上大学。大学他拼命兼职，食堂里的可乐纸杯子，他也会收拾拿去卖废品换钱，他打多份零工，自己付学费买电脑。

他还负担老妈和全家的生活，妈妈的收入低，只够吃饭，他赚钱供弟弟上大学。那年我去北京参加《中国青年报》的笔会，他弟弟去火车站接我，我才知道他弟弟居然上的是学费高昂的北京服装学院。去年再见到他收养的小姑娘，长大了许多，活泼开朗，口齿伶俐，理想是去银行做白领。

这就是立体的人呀！

认识他十年了，学习如何与这样的同学做朋友，获益良多。

虽然他爱占便宜，待人诚恳和不诚恳五五开，找我借钱去买房，而不是建议我投资两套小户型房子。但我学习了他的理财聪慧，作为一个作家我几乎毫不考虑跟着他的选择买房，并且很惊讶地发现，地段飞快繁荣，升值翻倍。

而我帮他改过无数的文章，在他求职、写论文的时候。我借钱给他。在他失恋，据说是被富家女嫌弃后，我在夜里还安慰他。出于交情，我乐意帮助他，但我永远不会学习他的汲汲钻营。我愿意善意地建议他，你已经做得足够优秀了，可以慢下来，慢一点，欣赏那些美好一点的事物。你心的房子里堆满了物品，也该留一些空间给内心的省悟、感受，甚至来点忧伤。你当初收养街头弃婴的柔软心肠，不该在日渐年长后，磨砺粗糙。我甚至用我做心理学杂志得到的经验，给他分析，会不会是内心始终没有安全感，所以自己扮演了一个父亲的角色，丢失了一个男孩本有的洁净理想的情怀，过早和光同尘。

来到这个世界上，我们难以回避与他人建立各种关系。人不该苛求他的朋友完美，正如我自身的不完美。好友如此，恋人、亲人也如此。但我们可以善意建议和提醒，我相信对方懂得分辨的。

人是立体的，人的心是立体的房子，你如果没有足够的时间瞧遍每一个角落，有光的窗户，无光的暗角，那些心烦的灰尘，那些动人的温情，你就无法学会立体地对待一个人，拂去尘埃，擦亮心灵。

　　每当我想在家宅着，写点东西，休息又暖和，就会收到几张平均才几十块钱的稿费单，逼着我跑邮局。想一想是转载文章的稿费，毕竟按版权规矩给了，比起那成百上千的报纸杂志用了就用了，一根毛都没有，稍微心理平衡……有一次电话某刊去追讨，结果故意把你名字打错，取不了，让你哭笑不得。

　　十几岁读古龙小说，和现在看的感受完全不一样。正着读是浪漫，热血，充满了惊奇反转，其实是撒土迷眼。酒精气味散去，就是一个细腻文艺到令人发指的boy。对感情的收敛程度，恰是boy和社会化程度比较高的man的显著区别。不过还是很喜欢。

　　好多人的"独立思考"跟他人的"独立思考"特别雷同，近乎盗版，原因就两个字：偷懒。

薛宝钗说贾宝玉，天底下最难得是富贵又有闲。其实还漏了一句：年轻貌美。所以一般富二代更容易泡妞，年轻有钱有闲。碍于身份的富一代乱搞也是藏起来的，很难浪漫。想想《喜宝》里的超级富豪，情趣财富都有了，偏偏又是老头子，玩不动了。爱情得有一个"玩"字才算爱情，不然就直奔婚姻契约去了。

蒋勋、南怀瑾之类人，最容易欺负初读者，看起来很有学问和大师做派，最喜用文学来讲美学、哲学，使人误会其贯通学问，实则一锅浆糊，满嘴跑火车，硬伤无数。极厌之。同类作家里，就数木心老老实实用典，很克制地化用，不怎么乱发挥。

所有为爱情牺牲的事物，最终会磨损爱本身的质感。爱不是用来牺牲，用来交换，用来勉强的东西。爱是我们愿意共同度过的一段时光。

　　××有风险，入行需谨慎。这话基本上适用于绝大多数行业，包括写作，所以也可以理解为废话。就是要想清楚：你是爱好文学呢还是擅长文学，你是玩票呢还是打算认真作为职业？如果是后者，十万小时的训练有木有？这训练是指你练笔和读书思考，打腹稿也算。写作没门槛，但发表出版换钱传世有各种门槛。

　　《泰坦尼克号》里的杰克之所以迷人，在于他是活人，有活人的情趣。要说经济学角度，有钱的当然忙于社交和守业以及更有钱。但是，并不是所有的有钱人都不迷人的，还是有"富贵闲人"。除了送钻石，那个未婚夫就没有一丝活人的情趣，去船头吹个风很难吗？不难。因为他根本就不爱露丝，纯属摆设，懒得为之。

　　文学批评杂志里大把的好作家要有"驾驭深刻的人文思想、社会主题、强烈的批判意识及哲学命题"之腔调。"不尊重创作规律"这点，真是渗透人心和各个领域，渗透之深，让很多读者观众以为好作品就是这样出来的。

Remember my sarcasm.

图书在版编目(CIP)数据

这么一些些毒舌 / 沈嘉柯著. —上海: 上海人民
出版社，2012
ISBN 978 - 7 - 208 - 11007 - 6

Ⅰ. ①这… Ⅱ. ①深… Ⅲ. ①杂文集—中国—当代
Ⅳ. ①I267. 1

中国版本图书馆CIP数据核字(2012)第227748号

世纪文睿 出品
Century Literature

出 品 人　　邵　敏
责任编辑　　邵　敏　陈蔡
封面装帧　　陈之春@candyl.cn

————————————————

这么一些些毒舌

沈嘉柯 著

————————————————

世 纪 出 版 集 团
上 海 人 民 出 版 社 出版
(200001　上海福建中路193号　www.ewen.cc)
世纪出版集团发行中心发行
上海景条印刷有限公司印刷
开本 890×1240 1/32　印张 6.5　字数 150千
2013年4月第1版　2013年4月第1次印刷
ISBN 978 - 7 - 208 - 11007 - 6/I · 1060

www.ingramcontent.com/pod-product-compliance
Lightning Source LLC
Chambersburg PA
CBHW031232260626
47169CB00007B/2263